世界・子どもの風景

さらば学校の世紀

文・写真　中城正堯

成甲書房

目次

インド、シロンにて

イースター島にて

口絵写真・魚を運ぶ少年、インドのゴア近くの漁村で

はじめに

縮んじゃったニッポン

日本の子どもが社会に違和感を覚えるようになったのは、一九七〇年ごろである。最初の海外取材でお世話になった天谷直弘・きみこご夫妻が、シドニー領事の任務を終えて帰国してから二、三年後に再会、三人のお子さんの教育の悩みをうかがって、日本の学校のゆがみに気づかざるを得なかった。

オーストラリアで四年間過ごした三人は、帰国当時、長男T君十四歳、長女Yさん十一歳、次男J君六歳だったが、強烈なカルチャーショックを受ける。帰国第一声が「わぁ、道路が縮んじゃったよ。トイレもだ」だった。だが縮んだのは、道路や住宅だけではない。のびのびとしていた心を縮ませる、さまざまな出来事にぶつかったのだ。

シドニーの公立小学校から首都圏の私立女子学園中学部に進んだ長女Yさんは、服装、髪型などへの同級生の不満を背景に、校則改正をとなえて生活委員に立候補し、当選する。ところが、改正のための自由討論会を企画しても、陰ではあれほど校則にぐちをこぼしていた級友が、だれも出てこない。自分で考え、主張し、行動するという、オーストラリアでは人間として最も大切なこととして教えられ、学校で実践してきたことが、日本では全く通用しなかったのである。公立小学校に入学したJ君は、やがて日本語も英語も話さなくなった。なぜかと聞くと、やっと口を開き、学校で「おかしな日本語」と同級生に笑われ、先生からは「英語を忘れなさい」といわれたからだった。この天谷直弘氏は通産官僚だったが、独自の哲学、国家観を持つ論客として知られ、日米貿易交渉などの国際問題で活躍した。また中曽根内閣の臨時教育審議会第一部会長として、教育改革にも取り組み、一九九四年に亡くなった。

一九七〇年代には、日本経済の高度成長による貿易摩擦とともに、海外からの帰国子女や来日外国人子弟と、日本の学校社会との摩擦が、社会問題になりかけていた。戦後教育が次第に変質するとともに、ひずみが露呈しはじめたのだ。第二次大戦の敗戦当時、小学校三年生だった筆者は、軍国教育にはあまり染まらずにすみ、戦後民主主義教育の花盛りに多感な小学上学年、中学時代を過ごした。海辺の小学校を代表して高知市子ども市議会では市政に注文をつけ、学校新聞の記者としては私立中・高校の規則、運営に数々の批判記事を書いたが、市長も校長もきちんと受けとめてくれた。いつのころからか、日本の学校教育は「民主主義教育」から「管理教育」に変わり、上級学校への進学の場にすぎなくなった。中学校や高校が、子どもの発達段階に応じた学習と生活体験の場であったはずが、受験準備の場に変質していった。いっぽう、一九七四年には、高校進学率が九〇パーセント、短大も含めた大学進学率が三〇パーセントを越え、前例のない高学歴社会が実現した。だが学歴信仰とともに学校教育の空洞化も進み、進学したものの学力も意欲もなく、教室で苦痛のときを過ごす生徒が続出した。やがて彼らの自己主張は、暴力やいじめとなり、荒れる学校から登校拒否へと移っていった。

このようななかで、教育出版社に籍を置き、子どもの状況を直視することになった。また、海外に出かける機会も多くなった。最初のころは特に問題意識もなく、旅先の公園や街角で子どもを見かけると近づき、天真爛漫な動きと表情をながめて旅の疲れをいやしていた。しかし、日本の公園や路地から、子どもの遊ぶ姿が消えはじめてから、海外の子どもの姿を積極的にさぐり、カメラに納めるように心がけた。本書は、この十数年間に、世界の街角や公園、博物館、学校で見かけた「子どもの風景」である。そこには、二一世紀の子ども像や、子どもをめぐる環境作りのヒントがあるように思われる。市民によるあすの「子どもの風景」構築に、いくらかでもお役に立てば幸いである。

第１章

ヨーロッパ・アメリカ

ルーマニア、モルドヴァの少女

パリの公園は子どもの天国

1. フランス（上）　　チェイルリ公園、オルセ美術館

オルセ美術館では、子ども専門の解説員が説明する。

チュイルリ公園で、目かくし鬼に夢中の小学生。

公園では、車座になっての誕生パーティーも行われていた。

旅の途中、パリでちょっと時間ができると迷わずチュイルリ公園へ行く。ルーブル美術館とシャンゼリゼ大通りの間に広がる、緑豊かな都心のオアシスである。ベンチに座って、さっそうと行き交うパリジェンヌや、元気に遊び戯れる子どもたちを眺めていると、旅の疲れも消えていく。

数年前のこと、午後三時ごろ一団の子どもたちが現れた。引率者のお許しが出て、喚声をあげて遊び始めたのは、男の子はサッカー、女の子は縄とび、それに日本のかごめかごめと同じ目かくし鬼だった。目かくし鬼は「槌振りのコラン《コラン・マイアル》」と呼ばれ、両眼をつぶされてもなお槌を振って戦った十世紀の勇者コランにちなんだ遊びだという。シャルル・ド・ゴール空港、エッフェル塔など、地名や建造物にやたら偉人の名をつけるフランスならではで、遊び名まで歴史的人物の名だ。

目かくし鬼は、ネパールでも見かけたし、その昔高知市の海辺の小学校に入学したころ「後ろの正面だーれ」といって、女の子たちがやっていたが、もう日本ではほとんど見かけない。

この公園では、木陰で車座になって、ハッピーバースデーを歌っている一団もいた。誕生日を迎えた男の子と、ろうそく、ケーキを囲む輪の中には、モロッコから移住してきた子もいる。きけば、子どもたちはみんな近くの小学校の学童託児生で、希望すれば授業の終わったあと、夕方まで保母さんが世話してくれるシステムだという。母親が心おきなく社会参加できるための制度だが、子どもたちは思いきり遊べるし、移民の子にとってはフランス語に慣れるいい機会でもある。

近年フランスの小中学校では、移民がらみで宿題の是非も問題になっている。一九九九年二月、これら最新教育事情をアンリ・バルビュッセ中学校の先生にうかがってみた。

「移民の増加でフランス語の読み書きや計算の不得手な家庭が多くなり、宿題は教育の機会均等に反するという意見が強くなったのです。そこで、ノートを使うような宿題は、学校に設けた練習時間でするようになりました。しかし、正しいフランス語修得に欠かせない名詩暗誦の時間まではとれません。わたしは移民の子がフランス語を覚えるために、家の近くの老人家庭を訪問させています。孤独な老人からも、話し相手ができたと喜ばれ、成果が上がっています。二十六名のクラスの中で、十六名は語学力に問題ありなのです」

フランスでも教育改革に取り組んでおり、一九八九年には、教育の機会均等、個性尊重、基礎学力向上をかかげたジョスパン法が成立した。そのジョスパン氏が、現首相である。植民地解放による多民族化に加え、近年は失業者増大、離婚家庭増大という難題をかかえながら、教育には大変力を入れている。

めざすは「自ら考え、判断できる人間」であり、フランス語、フランス文化に誇りを持った国民である。その取り組みは美術館でも見ることができる。特にオルセ美術館には小中学生の団体がひっきりなしにやって来て、年少者専門の解説員から説明を受けている。オルセの作品は、フランス革命後の第二共和制によって花開いた近代フランス文化の精華であることを、実感させているのだ。単なる美術教育の場ではなく、フランス人としての教養と誇りを高める国民教育の場である。これに比べ、フランス印象派絵画の誕生に大きな影響を与えた浮世絵が、日本の国立美術館でどんな扱いを受けているかを考えると、残念でならない。

ところで「パリに来たなら名所、名画を見るだけでなく、生きた人間、それも美人をたっぷり眺めて帰りなさい」と、教えてくれたのは、作曲家故浜口庫之助さんである。次は、初めてのパリ訪問で出会ったハマクラさんの思い出から始めよう。

わらべ歌流れる自慢の小児病院

2. フランス（中）　　国立ロベール・ドゥブレ小児病院

夕日を浴びて公園から自宅へもどるパリ親子。

「ぞうのババールさん」が迎えてくれる国立小児病院。

地方から団体でパリ見学にやってきたフランスの中学生。

昭和四六年（一九七一）、二度目の海外出張で一月半ほどヨーロッパ各地を回った。スペインのマドリッドからパリへもどると、プラド美術館で見かけたばかりの作曲家浜口庫之助さんが、シャンゼリゼのカフェテラスでワインを飲んでいる。挨拶すると、一緒に飲もうと席をすすめてくださった。その際に、「史跡や美術館めぐりだけでなく、生きた人間、できれば美人をたっぷり眺めて帰りなさい」と、おっしゃったのだ。

この時の出張は、旅の書籍の企画調査であり、誠にありがたい助言であった。名所旧跡より、今を生きる生身の人々を訪ね、最新の生活文化に触れ、美男美女も楽しむ。いわばハマクラ流旅行術だが、ここに『黄色いさくらんぼ』から『人生いろいろ』まで、いつの時代も人の心を捕えてそらさないハマクラ・メロディの発想の原点があったようだ。高知出身だというと、自分も高知県の宿毛だ、東京の家に遊びに来いと、誘っていただいた。

ご自宅訪問が実現したのは、三年後の年末で、やはり宿毛市出身で、㈳青少年交友協会理事長の森田勇造氏と一緒だった。NHK紅白の出場者が発表になった日で、人気歌手も報告に来るなか、身重の渚まゆみ夫人がかいがいしく接待してくださったのが、印象に残っている。先日お電話すると、お腹の中にいたお嬢さん（杏《あんず》さん）が、ロンドン大学大学院で生化学を専攻、二〇〇〇年からは博士課程で遺伝子工学を研究中とのこと。最先端の科学者の道を歩みつつあるわけで、嬉しくなった。

ハマクラさんの助言をいただき、海外、国内を問わず、今を生きる子どもや若者に接し、関連施設を訪問するよう心がけてきた。そして数年前、パリに素晴らしい小児病院ができ、母親たちは子どもの急病にそなえてこの病院の電話番号だけはメモしておくと聞き、さっそく見学を申し込んだ。

国立ロベート・ドゥブレ小児病院で、救急車の便に配慮して、パリの環状高速道路の北出口に建ててある。大病院だが、玄関に厳めしさは全くない。アーケード街の入口のようだ。受付では、子どもに大人気のぞうのババールさんが迎えてくれる。来院者は、受付をすますと、おもちゃ屋、カフェテリア、花屋、書店などの並ぶ通路を進む。左手には、ガラス窓越しに遊戯具を楽しむ幼児が見える。病院従業員が安心して働けるための託児所だが、通院者をなごませ、元気づける役割も果たしている。

通路の先には、ガラス天井の中庭が広がっており、草木が茂るあちこちにベンチが置いてある。なんとここが、初診の子どもが担当医と出会う場だそうだ。副院長のジャック・レグリーズさんが、最新の医療設備の整った各科診察室、手術室、さらに五百八ベッドの病室へと案内してくださる。お話をうかがい、施設以上に子どもへの対応が、日本の小児病院とはあまりにも違うのに愕然とする。

「怖い病院というイメージを与えないため、楽しい商店街の延長のように建築してあります。病気の子どもこそ、そばに両親が必要ですし、日常的な家庭環境が最良です。だからどんな手術にも親は立ち会えます。手術後も入院は一日か二日で、あとは家から通院か往診かです。町の医師とも連携します。治療の必要な新生児のためには、母が隣室で泊まれます。母乳がよいし、感染症はきちんと防げるからです。新生児はまず聴覚が発達します。この時期、心身の健全な発育には音楽が重要です。ここの医師は、全員わらべ歌を練習、いつも歌ってやっています」

「長期入院の必要な子どもにとって、仲間と遊び、学ぶことは欠かせません。そのための遊戯室も、教員も用意してあります。病室のテレビで、自分の学校の授業を受け、級友と話すこともできます。病院仲間での雑誌発行や器楽演奏も、楽しんでいます」

ここでは病気の対症療法を施すだけでなく、子どもが人間として心身ともに健全に成長できるよう、万全の手だてを心がけていた。

名画の母と子、そして白い少女

3.フランス（下）　　シャンティ城、モネの庭園

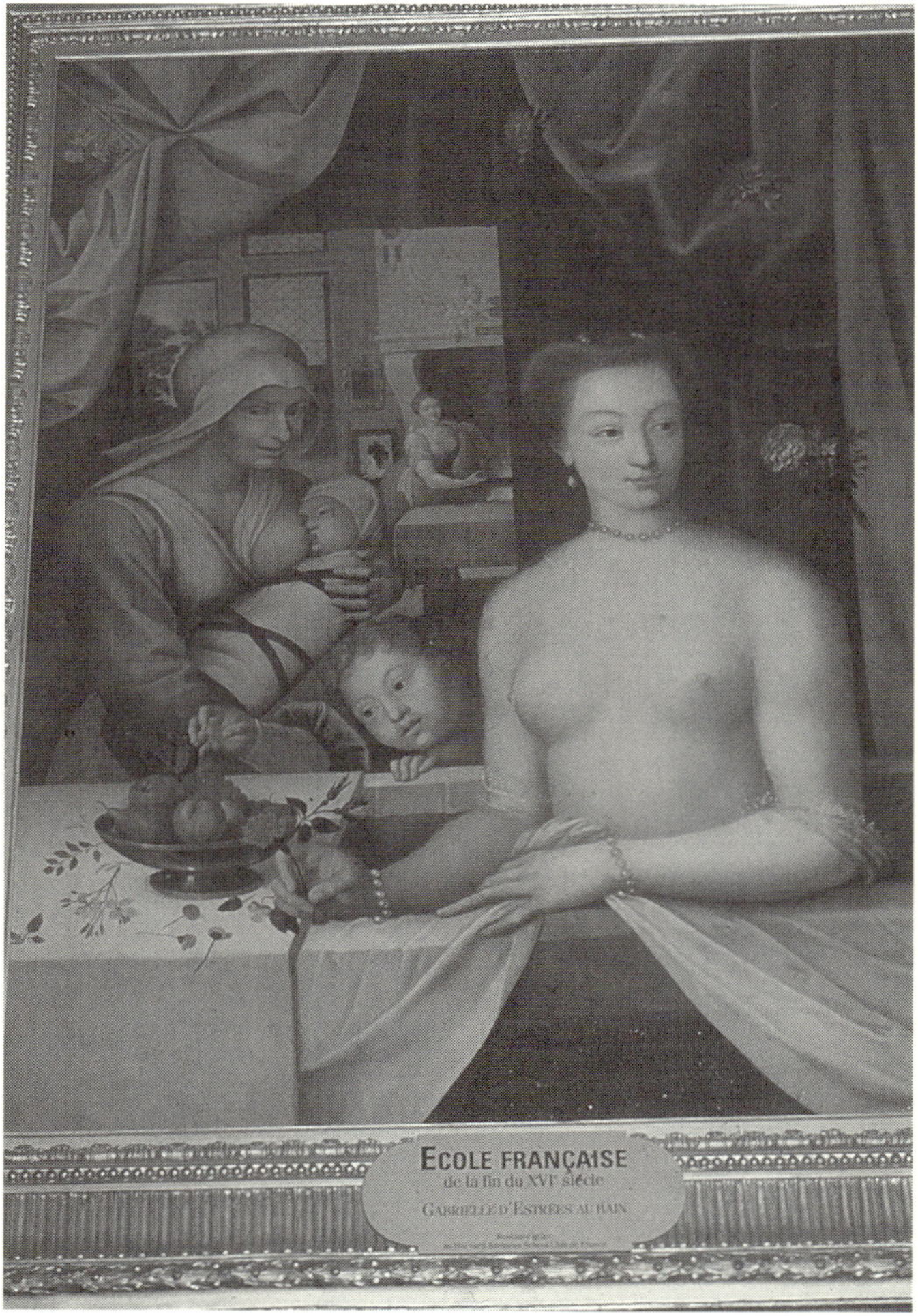

シャンティ美術館の名画「ディヤーヌ・ド・ポアチエ」

木に登ってリンゴをもぎ取る少年。

雨戸止めの白い少女ベルジェール。

幼稚園児の登校。幼児クラスを併設したジュベルニーの小学校。

一九九五年五月、パリから北へ一時間ほど車を走らせ、シャンティ城へやって来た。ここは競馬場や庭園で知られるイル・ド・フランスきっての行楽地で、前年休日に訪ねた際は、広い芝生で子どもたちを遊ばせる家族づれが目立った。今回は平日で、人出は少ない。めざすは城内の美術館である。

十六世紀以来この城では、城主や国王をめぐる華麗な恋の物語が繰り広げられたが、その主役たちの肖像画も飾られている。代表作の一つが、国王アンリ二世の愛人で美貌をうたわれた『ディヤーヌ・ド・ポアチエ』（フランソワ・クルーエ絵、一五五〇年頃作）である。前回は壁面に「修復中」の張り紙があり、無念の思いをしたが、今回はやっとその高貴で官能的な裸婦像と対面できた。

彼女は未亡人で今しも居室の浴槽に湯を運ばせ、湯あみの最中だ。注目してほしいのは、左の乳母と子どもである。当時、貴族の女性たちは出産をしても、ボディ・ラインのくずれるのをいやがり、授乳は乳母まかせであった。しかも乳児は、どの子も両手両足をまっすぐ伸ばしたまま、ぐるぐるまきのスワッドリングで、誕生日近くまで育てられた。

この育児風習は、十九世紀末までヨーロッパだけでなく、アラブ世界や南北アメリカでも広く見られ、日本のように裸やゆったりした産着で育てられるのは例外であった。最近もルーマニアやネパールで、このスワッドリングを見かけた。日に数回おしめをかえてもらうだけで身動きができないまま育てられても、赤ちゃんは一年後にはきちんと立って歩き始めるのである。人間はいわば早産で、生後一年間第二の胎内生活を送っても大丈夫なのだ。しかし、くつろいだ姿勢であやされ、おんぶで外にも出る日本式が、赤ちゃんも喜び、成育によいのは当然で、ようやく世界の主流になった。おんぶもヨーロッパの育児書で紹介され、よく街でも見かける。

乳母や里子の制度も、日本ではごく限られたものであったが、パリではこれが主流になった時期がある。「一七八〇年にパリで生まれた二万一千人のうち、母親に育てられたのは千人弱、乳母に育てられたのが千人、他の一万九千人は里子」というパリ警察庁の記録が残されている。これを紹介した、バダンテール女史は、母性愛は本能ではないととなえて話題になった。

シャンティ城をあとに、東隣りの古都サンリスへ行った。初期ゴシックの代表作とされるノートル・ダム聖堂を見学したあと、住宅の雨戸止めに、ベレー帽をかぶった可愛い少女の半身像が使われているのに気が付いた。鋳鉄の上に、白いペンキを塗った素朴な人形だが、魅力的だ。古い家はどこも使っているので、名称を聞くが、答えがない。勝手に

〈白い少女〉と命名し、パリに戻った。

その後、フランスへ行くたびに、雨戸の白い少女を追いもとめ、ようやく建具職人から
ベルジェール（羊飼いの少女）という名称を聞き、由来も分かってきた。

十八世紀末のフランス革命のころ、都市では女性の解放と革命のシンボルとして、三色旗と銃を手にフリジア帽をかぶって突き進む諸肌の女性マリアンヌが登場する。ほぼ同時代に、パリ周辺の農村では羊飼いが女性の重要な仕事となるが、羊飼いは民衆の指導者の象徴でもあった。こうした女性の時代の到来に、鉄の時代の開幕がぶつかり、新しい雨戸の止め具ベルジェールが誕生したのである。

一九九八年九月、パリから急行列車で一時間、ジュベルニーの町を訪ねた。浮世絵収集でも知られる、画家モネの旧アトリエと庭園見学の一人旅だった。早く着きすぎて町を一時間ほど散策した際、骨董店でスワッドリングの人形を見つけて購入した。店の雨戸には、やはり少女ベルジェールがいた。

フランスでは、歴史学者Ｐ・アリエス以来子ども史や女性史、生活史の研究が盛んだが、まだまだ面白いテーマが残されていそうだ。

公文式の源流と悲運の女性数学者
4.ドイツ（上）　ケルン日本文化会館

高校生のカップル。ケルンのギムナジウムの正門前で。

デュッセルドルフにある公文式本部教室の前で、現地職員と筆者。

ミュンヘンの市立図書館で、パソコンを使う少女たち。

ライン河岸に百五十七メートルの大聖堂がそびえる古都ケルンは、ケルン大学、ローマ・ゲルマン博物館、東洋美術館などで知られる学術文化都市である。

一九九九年の九月二日、このケルンの日本文化会館で『浮世絵の子どもたち』展の開会式が行われた。これは、日本では一九九四年から全国七美術館で開催されたものだが、国際交流基金によってヨーロッパ巡回展が企画され、モスクワ、パリ、エジンバラに続いての開会を迎えたのだ。会場では、子どもを描いた浮世絵を所蔵しているクモンとはどんな団体か、説明するよう求められた。そこで開会式で浮世絵のことはほどほどに、こんなスピーチをした。

「世界四一か国で数学と国語の教育を行っているクモンの創設者故公文公《とおる》は、ドイツの女性数学者で抽象代数学に大きな業績を残したE・ネーター博士の孫弟子です。同博士の門下生ネーターボーイズの一人で、美智子皇后の叔父様に当たる正田建次郎教授が、ドイツから帰国直後の一九三三年に大阪大学で講座を開いた際、最初の弟子三人のうちの一人が公文だったのです。公文式数学は、ドイツ数学の影響を受け、代数計算を重視し、大きな成果を上げています」

世界に伸びる公文式数学とドイツとの関連は、出席者一同から喜ばれた。むろん公文式の源流をさらにたどれば、旧制土佐中での三根円次郎校長による「個人別、自学自習」という、大正デモクラシーの自由教育にいたる。その三根校長が、東京帝国大学哲学科時代に教育学を習ったのも、ドイツから帰国したばかりの野尻精一であった。この野尻が、後に奈良女高師の初代校長になり、愛弟子の木下竹次が、同附属小でこれまた大正自由教育の代表とされる合科教育を始める。今話題の総合的教育の先駆けとなる教育だが、公文先生の奥さまテイ夫人は、この合科教育で育っている。公文ご夫妻は、ともに野尻の孫弟子であり、ドイツとは不思議な縁で結ばれていた。

公文先生もドイツへの思い入れは強く、昭和二六年土佐高校教諭時代には、伊賀千人先生とはかって、第二外国語としてドイツ語を導入している。これを選択した公文俊平氏(国際大学教授)は、東大受験の際に英語よりとてつもなく易しい問題で、受験戦略、ドイツ語修得の両面で大変よかったと語っている。さらに、昭和五三年には愛弟子の岩谷清水をドイツへ留学させ、昭和五六年にはヨーロッパ初の公文式事務局を、デュッセルドルフに開設している。

こうした経緯があり、また浮世絵の収集も公文公、公文毅親子の強力な支持があって実現しただけに、ドイツ展を待たずにともに逝去されたのは、残念でならなかった。

開会式から帰国するとすぐ、再度ケルンへ行ってほしいと国際交流基金から言ってきた。「ドイツに於ける日本年」の式典が、秋篠宮殿下ご夫妻をお迎えしてあり、その際に両殿下に浮世絵のご説明をするのと、ドイツ人に『江戸こども文化』に関する講演をしてほしい、とのことであった。

両殿下は、時間を延長して熱心に『浮世絵の子どもたち』を見てくださった。また講演では、ケルン大、ボン大の日本文化論の先生方や、教育関係者から、「寺子屋があれほど繁盛したのはなぜか」といった、活発な質問が出た。「個人別、自学自習」だったから、と答えた。日本では教育革命といえば、相変わらず欧米の先進事例のみ参考にしている。その欧米の学者は、江戸の教育を高く評価しつつある。寺子屋教育や、大正自由教育にこそ、日本の教育改革のカギがあると感じさせられる旅だった。

なお、ネーター博士はユダヤ系の女性であったのに加え、共産主義同調者と見なされ、一九三三年にナチ政権の成立とともにゲッチンゲン大学を追われる。アインシュタインなどの斡旋でアメリカのプリンストン研究所へ移籍するが、一九三五年に病気で急逝する。五三歳であった。

欠陥校舎の改築求めて生徒がデモ

5. ドイツ（下）　　ギムナジウム、モンテッソリー、シュタイナー

ミュンヘンの公園で、どろんこ遊びに夢中の子どもたち。

野外民家博物館で、台所道具の手づくり実習をする小学生。

工夫をこらしたプラカードを手に、校舎改築を訴えてデモ行進。

一九九九年の九月、浮世絵展のあい間にケルン大聖堂の見学に出かけた。市役所の近くに来ると、キノコや骸骨のイラスト入りプラカードを持った学生が、デモ行進をしている。マスク姿の異様な姿もまじり、小学上級から高校生くらいまでいる。何のデモか聞いてみた。「ローデンキルヘン総合学校の生徒です。理科室が欠陥建築で雨が漏り、コケやカビが生え、使用できません。校長先生からは制止されましたが、市役所へ抗議に行くのです」

元気いっぱいシュプレヒコールを上げながら行進する一行に市役所まで同行すると、これまで放置してきたことへの抗議文に、生徒、先生の署名リストを添えて役人に渡していた。高校生もいるだけに、なかには抗議集会そっちのけで、抱き合ってキスに夢中のカップルもいる。日本では、こうした正々堂々の抗議行動が消え、陰湿な校舎破壊活動や暴行、いたずらが多いのはなぜだろう。

ところで総合学校だが、一九七〇年代から新しく導入された中等学校である。それまでは、四年制の小学校を終えると、①基幹学校（五年制、職業教育）、②実科学校（六年制、職業専門学校への進学希望者）、③ギムナジウム（九年制、大学進学希望者）のいずれかを選択した。これでは、十歳未満で将来が決まるという批判があり、この三コースを併設した総合学校が新設された。しかし「能力、適性の異なる子どもが一緒では、一人ひとりに応じた教育はできない」との声が強く、普及は予定より遅れている。では、ケルン滞在中に訪問した学校を紹介しよう。

一、イルムガーディス・ギムナジウム　公立学校。小学六年生の英語の「自由学習」を見学した。生徒は二十四名。教室の後ろに教材棚があり、好きな教材を取って学習をする。「文字盤での単語つくり」「絵本を読んで質問に答える」などの自習をすると、学習内容をチェックシートに記入し、先生に提出する新しい学習方法だ。授業は全校午後一時五分で終了、部活動もなく、すぐ帰宅する。

二、モンテッソリー・ギムナジウム　日本では幼児教育しか思いうかばないモンテッソリーだが、ここは幼児から高校まで同居する大きな私立学校だ。開放感あふれる校内には生徒の美術作品が飾られ、幼児の存在もあって和やかな雰囲気で、中高生ものびのびと活動的だ。白ヒゲで柔和だが、哲学者的風貌の校長先生はいう。「子どもを中心に置き、自発性と責任を重んじるモンテッソリーの理念は、中等教育でも同じです。生徒の大半は大学進学をめざしますが、いったん就職してから大学へ進む者も多く、基礎学力とともに自ら学ぶ力と、何事にもチャレンジできる柔軟性、協調性を重視しています」

三、シュタイナー・スクール　シュタイナー学校の指導者養成機関で、学校の責任者は

「生徒一人ひとりが才能を発揮し、人生の目標を選択できるための〈自由への教育〉と、感性を重視している」という。芸術家や、職人的専門家育成では定評のある学校だ。

こうしてドイツの学校は実に多彩で、政府もまた理念に応じた自由な教育を容認しているのが印象的であった。しかし、授業が午前中だけで一時すぎには終わるため、詰め込み教育になりがちで、その割には基礎学力が低いことをなげく識者もいた。驚かされたのは「不登校生はいない。いれば警官が学校へ連れて行く」という話だった。

ケルン市街にもどり、学校帰りの生徒を呼びとめ、背中のカラフルで大きなかばんの中を見せてもらった。教科書やノートがはいっており、授業は午前中で終わるが、宿題が多いとのこと。住宅の入口にチョークで「C＋M＋B」と書いてあるのも目にとまった。聞くと「東方の三博士の祝日」にちなんだ魔除けだという。一月に、子どもたちが三博士と天使に扮し、家々を回っては喜捨を集め、この魔除けを書いていくそうだ。お金はカトリックの教会から、開発途上国の子どもへ贈られるのであり、子どもの伝統的な福祉活動であった。

ローマ法王と浮世絵の子ども

6. ヴァチカン（上）　　　　調見大ホール

子どもを描いた浮世絵を手に、法王に拝謁する筆者。（教皇庁撮影）

テヴェレ川から捨てられる嬰児。*

フィレンツェの捨子院のレリーフ。

ヴァチカンの謁見ホールへ向かう聖歌隊の少年たち。

*『L'enfance au Moyen Agé』Seuil Biblioth éque nationale de France

キリスト生誕二千年という大聖年を迎え、ローマ法王（教皇）ヨハネ・パウロ二世は、二〇〇〇年三月にユダヤ教、イスラム教の聖地でもあるエルサレムを訪問し、歴史的和解を訴えた。そして「いかに困難でも、人々の幸福と子どもたちの明るい未来のために、和平への道をさぐり続けなければならない」と述べた。七九歳という高齢をおしての和解への旅のニュースを見ながら、一九九三年に思いがけず法王からお招きいただき、拝謁したことを思い出した。

きっかけは、やはり『浮世絵の子どもたち』展である。同展はその翌年の六月、東武美術館で始まったが、江戸時代の母にいつくしまれる子どもや、のびのびと遊び学ぶ子どもの絵が初公開され、評判になった。展覧会の準備段階で法王のお耳にもとどき、ご招待いただいたのである。

六月三〇日、ヴァチカンの謁見大ホールの最前列に席が用意されていた。会場は各国からの巡礼者で埋めつくされており、キリスト像やロザリオを手に手に握りしめた少年少女も多い。パーパ、パーパといった大歓声のなか、法王が姿を現し、式典が始まった。

法王のメッセージで印象的だったのは「東西冷戦は終結しましたが、悲しいことに地球上からまだ戦火は消えていません。このため、なんの罪もない子どもたちが悲惨な目にあっています。これは愛と対話が足りないからです」のくだりだ。法王はポーランド生まれで、哲学と神学の博士号を持つ学者だが、第二次大戦中は一労働者として過ごしており、労働者や子どもにたえず関心を寄せている。

会場では、地域ごとに巡礼団が紹介され、法王は各国語で祝福を述べる。日本からは、カトリック信者だけでなく天理教の一行も来ていたが、きちんと日本語で語りかけてくださった。あとで日本人神父にうかがうと、多忙で昼食時間にしか日本語の練習ができず、おかげで昼食に陪席できたとのこと。お気持ちが直接伝わるよう、各国語を使いわける語学力とご努力に驚かされた。

式典が終わると、謁見者の席に来られ、親しくお言葉をいただいた。持参した浮世絵の、仲むつまじい母と子の姿を共感のまなざしでご覧になり、「ぜひヴァチカンでも展覧会を開きたい」とおっしゃった。特別のはからいで、法王の宮殿や図書館などを見学させていただき、神父さんたちと懇談した。

「先進諸国では離婚の増加による家庭崩壊、発展途上国では民族紛争、宗教紛争、さらに環境破壊などで、子どもたちが大きな被害を受けています。浮世絵に見られる子ども中心の暖かい家庭を築くことは、ヴァチカンの重要な課題です」

神父さんたちが、日本の伝統的母子関係をこのように評価してくださったのには、歴史的背景がある。十六世紀に来日した宣教師も、幕末明治の訪日西欧人も、日本の育児習俗や識字率の高さ、子どもの立居振舞をこぞって称賛しているのだ。しかし残念ながら、ヴァチカンの企画展の会場が来年から修理にはいり、今世紀中は使えないとのことで、展覧会はあきらめざるを得なかった。

教皇庁からの帰路には、テヴェレ川を渡る。十五世紀ローマでは、この川に好ましくないわが子に石をつけて投げ捨てる嬰児殺しが行われていた。その絵が残されており、修道士たちは助け上げることに努めたが、ごくわずかしか救えなかったという。

江戸時代、子どもは家の宝として大切に育てられたいっぽう、生まれた直後に手で口をふさいでの間引きも行われた。子宝絵とともに、領主が配布した「間引き戒めの絵」が残されている。それでも貧しい農民たちは、間引きをせざるを得なかった。嬰児殺しの日欧の絵画は、捨て子や児童虐待への反省材料として、今日でも意味を持っている。法王の戦火や飢餓からの子ども救済への想い同様に、大切にしたい。それにしてもカトリック世界は、大聖年に偉大な法王を選んでおいたものである。

中岡慎太郎ボローニャへ

うさぎのウエストポーチを付け、犬と散歩する少女。

刀やヌンチャクを振りかざしてカンフーごっこ。

ボローニャの少女三人組。ハムスターを持った子もいる。

一九九一年三月に、イタリアからうれしい文書が届いた。前年にくもん出版から刊行した『中岡はどこぜよ』がボローニャ国際児童図書展のグラフィック賞に選ばれたから、授賞式に来るようにとのことだ。同展は、世界最大の児童図書見本市で、グラフィック賞は優れた絵本の出版社に与えられる賞である。

『中岡はどこぜよ』の中岡とは、陸援隊長の中岡慎太郎で、文は田島征彦氏、絵は関屋敏隆氏だ。本のカバーにはこう書いてある。「坂本龍馬が大阪にあらわれた。よしおくんに『中岡はどこぜよ』とたずねるから、こまってしまった。自転車のうしろへ龍馬をのせたよしおくんは、大阪の町を走る。『中岡はどこぜよ』中岡慎太郎というオッサンと、どこで会えたと思う？『たかでたまるか！』思いもよらぬ結末へきみをぐんぐんさそいこむSFナンセンス絵本の傑作」

高知出身の絵本作家田島氏が、龍馬と慎太郎への思いを込めた作品だが、絵は京都市立美大の後輩に託したものである。関屋氏は期待に応え、型紙の技法で描いた活気あふれる現在の大阪に、ユーモラスな表情の龍馬と慎太郎を甦らせてくれた。土佐弁丸出しのこの本が、たかでたまるか（大変なことに）国際的な絵本賞に選ばれたのだ。

田島氏は仕事で日程がとれず、授賞式には関屋氏と出かけた。ボローニャはフィレンツェの北方にある中世からの大学都市である。四月四日から見本市が始まった。会場で各国の新刊書を見て歩き、欧米の出版社と著作権の売買交渉をして過ごした。いったんホテルに帰ってから、夜の授賞式にタクシーでかけつけたが、意外に時間がかかり、開会寸前になった。とりあえず、ホール客席に座る。

すぐ舞台の幕が上がり、式が始まったが、受賞者はすでに舞台に並んでいる。グラフィック賞の番になり、どうやら司会者が「中城はどこぜよ」と呼びかけているようだ。あわてて客席から舞台へかけ上がって、賞状をいただく。冷や汗をかいたが、一段と高い拍手がおこり、審査員として壇上にいた旧知の絵本作家ノイゲバウアーさんも大笑いだ。式のあと、イタリアらしくオペラ歌手がアリアを歌い、パーティとなった。こんな楽しい思いができたのも、田島兄弟のおかげである。

最初に知り合ったのは、双子兄弟の弟征三氏だった。編集者になりたての頃、多摩美大生の彼が作品を持って訪ねてきて以来だから、もう四十年になる。くもん出版では、高知県春野町での少年時代を追憶した『絵の中のぼくの村』を出版し、高知ロケによる映画が一九九六年にベルリン国際映画祭銀熊賞をとったのは記憶に新しい。土佐の大みみずを主人公に、自然界で躍動する命をうたった征彦氏の『みみずのかんたろう』や兄弟合作の自伝的絵本『ふたりはふたご』も刊行した。兄弟ともに、早くから数々の国際絵本賞を受賞した日本を代表する絵本作家である。

ボローニャの公園では、チャンバラごっこの子どもに出会った。刀だけでなくヌンチャクも持っており、香港製カンフー映画のまねだ。日本の忍者アニメなどもよく見られている。どの国でも、子どもはテレビアニメやテレビゲームに夢中で、本離れは程度の違いはあれ各国共通だ。見本市でも、アニメ絵本やコミック系が多くなっている。これは、子どもが変質したというより、大人がテレビやコミックしか見ない社会状況の反映である。

その危機意識から、日本でも国立の国際子ども図書館ができた。しかし「児童文学の研究栄え、読書衰退」にならないか心配だ。ボローニャには、子どもが審査選定するエルバ賞があった。ミュンヘン市立図書館では、子ども部屋は道路側にあり、人気ホラー小説のお化け人形や、動物絵本の主人公の絵が、外からもよく見えるよう、楽しく飾りつけてあった。各地の子ども図書館が、子どもたちが楽しい本と出会える場、ひとりで本と遊べる場として育ってほしいと願っている。

お稲荷さん、和服、そして忠犬

8. イギリス（上）　　スコットランド王立博物館、子ども博物館

広重の大のれんと少年。エディンバラの浮世絵展会場で。

子ども博物館に展示されたThe Three R's（読み書き計算）のコーナー。

袋から麦を出して、石うすでひく子ども。体験学習だ。

スコットランド王国の首都だったエディンバラの王立博物館で、一九九九年四月に「浮世絵の子ども」展が開かれた。イギリスを代表する博物館で、世界の鳥獣を集めた自然史部門、古代エジプトや中国の文化財で知られる装飾美術部門、それに産業革命の成果を示す科学・産業部門から成る。一九九八年には、自国の歴史的発展の跡をたどるスコットランド博物館も隣接して新築され、一体となって運営、利用されている。この大博物館で、「江戸の子どもたち」が、どんな扱いを受けるのか、心配しながらの訪問であった。

重厚なビクトリア様式の博物館だが、扉を開けると明るい大ホールが広がっていた。細い鉄柱が二階、三階の回廊を支え、最上部はアーチとなってガラス天井を持ち上げているのだ。柱も壁面もアイボリー・カラーで、魚が泳ぐ池に自然光が降り注ぎ、子どもたちが駆け回っている。子どもは入場無料で、バスでの団体見学も、次々と来る。

ホール正面に特別企画の大部屋があり、ここが浮世絵展の会場だった。入口には歌川広重の「子ども遊び」をプリントした大のれんがかかっている。展示担当者と、広報担当者が迎えてくれる。ともに女性だ。展示の作業員を指示しながら、こう語ってくれた。

「当館も浮世絵を持っていますが、今回のような有名絵師による子どもを描いたすばらしい作品は、初めて見ます。会場設営は、江戸の雰囲気を出すことと、子どもたちが親しめるよう心掛けました。出口に、ディスカバー・ジャパン・コーナーを設けてあります」

会場壁面は、江戸後期にはやった濃紺の納戸色に塗り変えてあり、説明板は和紙で下部には折り目をつけ、和風を演出してあって、申し分ない。

ディスカバー・ジャパンは、浮世絵で見た江戸の世界を、子どもたちがミニ体験できるコーナーだ。まず赤い鳥居のお稲荷さんがあり、おみくじを引くと、英文の大吉、小吉が出てくる。絵馬もあり、自由に願い事を書いてボードにつるす。びんに入っている駄菓子の試食、パソコンを使っての漢字修得、そして和服の試着コーナーまで、徹底して体験によって日本への興味と理解が深まるように工夫がしてある。開会すると、子どもたちに大人気で、めんどうを見るボランティアの学生たちは、大忙しだった。

このように、博物館を単に展示研究の場としてでなく、市民、特に子どもたちが知的体験を楽しみ、遊ぶ広場とする対応は、常設展示でも徹底していた。例えば要所要所にテレビ画面が置いてあり、展示した品物の、通路側から見えない裏側や内側、さらに絵柄の全体像が、マウスで画面に呼び出せる。蒸気機関をはじめ、産業考古学の実物に触れることができるのも魅力だ。さらに、子どものためには常設のディスカバリー・センターがあり、スコットランドの歴史が体験できるのだ。発掘された古代の壷の破片（複製）を元の形に復元したり、中世の騎士が使った盾と剣を振りかざしたり、石うすでパン粉をひいたり、さらに輪回しやけん玉といった伝統的な遊びも会場でできる。王朝ファッションの試着コーナーもある。

旧市街の中心にある「子ども博物館」の充実ぶりもうらやましかった。ドールハウスなど、近世以後の子どもの玩具、遊具を中心に、育児用品、生活用品、教具、児童図書などが揃っていて楽しい。ここも、親子で遊べる博物館になっている。

日本でも博物館の数が増え、公立は建物も立派だがテーマが画一的で、展示も見せるだけに終わっている。総合的な「子ども博物館」は一つもない。ぜひ、日本の子どもに関する文化財を収集し、子ども文化を研究する国立博物館の創設を望みたい。

王立博物館のすぐそばに、子どもたちが記念撮影をしている犬の銅像があった。亡き飼い主への墓参りを続けた忠犬「ボビー」の像だといい、記念品を扱う主人から東京・渋谷の忠犬ハチ公へのメッセージを託された。

次の発明家はキミかい？

9.イギリス（下）　　ディスカバリー・センター

結婚式に出席するため、スコットランドの正装をした三代の父と子。

おんぶで出かけるエディンバラの母と子。育児書にもおんぶが登場。

スコットランド博物館のディスカバリー・センターで興味深かった展示に、発明家紹介コーナーがある。スコットランド生まれのワット（蒸気機関）、マックミラン（自転車）、ベル（電話）、ベアード（テレビ）などの写真が並んでいる。そして最後は鏡になっており、そばに「次の発明家はキミかい？」とある。子どもたちへ、後に続くよう呼びかけているのだ。

学校での勉学の呼びかけも、熱が高まっている。特に一九九七年に労働党政権を復活させたブレア首相は、就任演説で「第一に教育、第二に教育、第三に教育」と訴えたことで知られる。教育改革は、保守党のサッチャー時代からで、英国病から脱皮するためにライジング・スタンダード（学力水準向上）をかかげ、全国共通カリキュラム（日本の学習指導要領）と到達度テストの導入、初等学校の自由選択制度などが始まった。

従来は、自由と個性尊重のお国柄に、第二次大戦後の極端な児童中心主義教育が加わり、教師まかせ、子どもまかせになっていた。特に小学校では一斉授業も、読み書き計算の反復練習もきらわれ、もっぱらトピック・ワークが重視された。これは日本で始まる総合的な学習と似ており、例えばテムズ川を素材に、地理、歴史、理科だけでなく、算数、国語、美術なども学習するものだ。

この結果、数学・理科の国際共通テストで、イギリスは国際平均点にも達しない状況となった。ちなみに、一九九四〜五年の小四算数、中二数学では、まだ国際平均点の少し下にとどまっている。両学年とも、一位シンガポール、二位韓国、三位日本、四位香港で変わらず、五位以下に欧米諸国が並んでいる。

サッチャーの改革は退陣後に次第に効を奏し、学力も経済力も向上してきた。ブレア首相のもとで、教育改革がどうなりつつあるか、教育現場の話を聞くため、エジンバラの教育次長、小中学校の先生などにお集まりいただいた。

市内から郊外の懇談会場へ向かう途中、二つのパブリック・スクールをみかけたが、ともに貴族の館を思わせる堂々たる建築だった。パブリックといっても、私立のエリート中等教育機関で、寄宿舎生活、古典語の学習、集団スポーツを重視、ジェントルマン養成をめざしている。

さて、会場に着くと、スコットランドの独自性をふまえた教育改革の実態を、詳細に説明していただけた。

「全国共通カリキュラムを、私たちはゆるいガイドラインと受け止めています。到達度テストは七、十一、十四、十六歳で実施されており、教育水準アップに効果が出ています。

反発する教師もいましたが、各クラスごとの成績が公表され、親から喜ばれています」

「校区外への入学も進んでおり、各学校では、特色をうたった入学案内を作って保護者に入学勧誘をしています。到達度テストの評価が良ければ校長に学校運営がまかされ、悪いと介入されます。読み書き計算という基礎学力向上が最大の課題ですが、個人別に系統学習ができるように工夫された公文式教材は、大変参考になります」

「日本の教育は評価しますが、新しく導入する総合的な学習には、問題もあります。わが国ではトピック・ワーク、環境教育などを試みましたが、到達目標も評価基準も設定できず、効果が上がっていないのです」

ブレア首相のもと、教育雇用大臣に母子家庭で育った盲学校出身のブランケット氏が、盲導犬をともなって就任、初等教育の三十人クラス制や、基礎学力の向上施策に精力的に取り組んでいる。親にも、登校時間厳守、宿題励行を呼びかけている。

日本は基礎教科の内容を三割削減し、総合的学習を新設する。基礎学力も、総合的学習も、子ども一人ひとりのやる気を喚起しなければ実らない。そのための教育技術研究は、まだまだ不足である。日本から、新しい教育の風が吹くのを期待したい。

『ハイジ』の舞台と牧童たち

10.スイス　　マイエンフェルト、グリンデルワルト

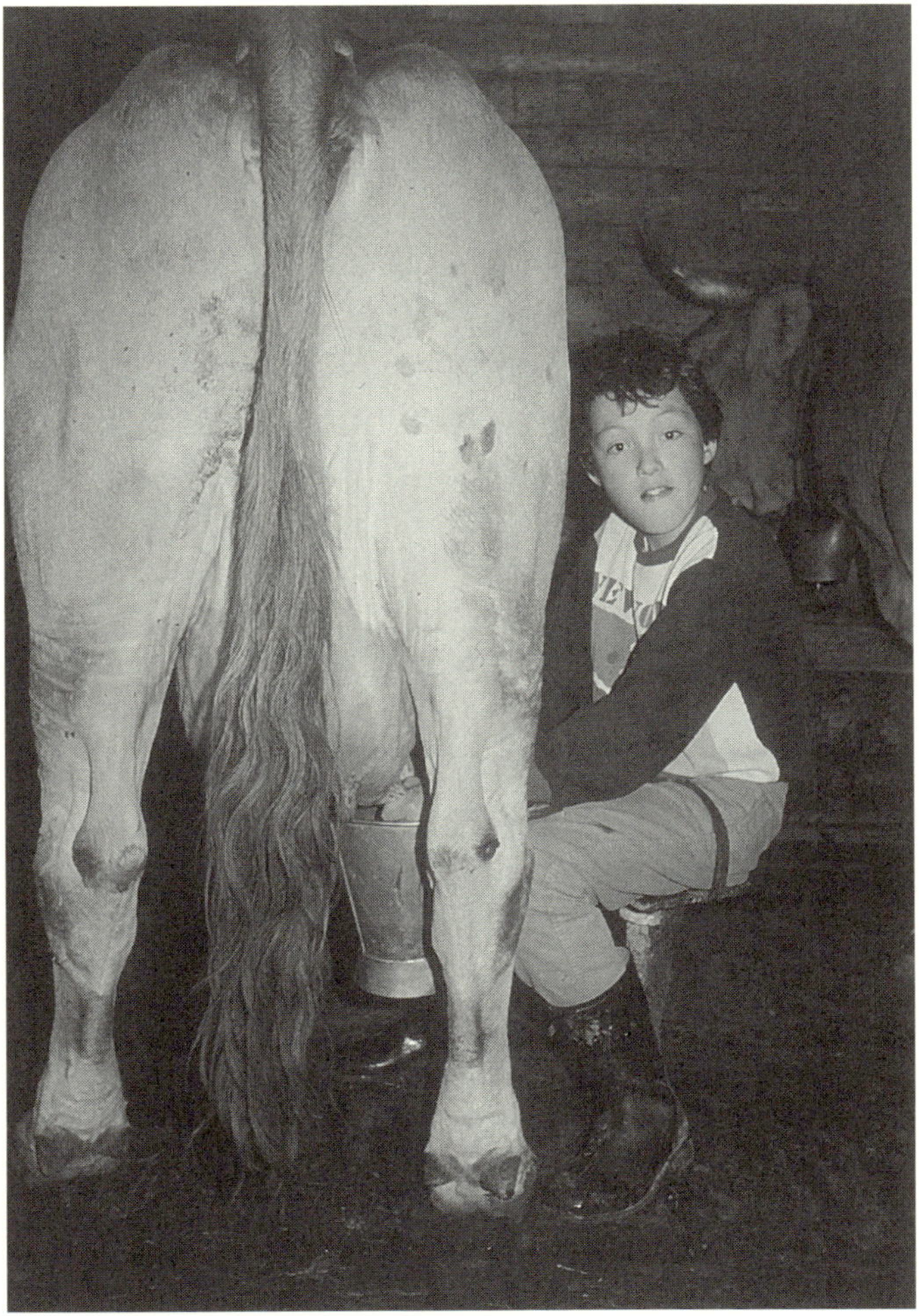

一本足の搾乳いすに腰をかけ、手作業で乳をしぼる見習牧童。

学校帰りに、牧場でひと休みするグリンデルワルトの小学生。

マイエンフェルトの「ハイジの泉」で遊ぶ子どもたち。

十年ほど前の夏、スイス政府観光局から、好きなテーマで取材をしてほしいとのご招待をいただいた。すぐ頭に浮かんだのは、アルプスの少女『ハイジ』の舞台訪問と、アルプス娘との純愛を貫いた友人中島正晃氏のその後であった。

『ハイジ』には、特別の思いがある。今も持っている酒井朝彦訳の本は、訳者から直接いただいたものだ。一九五五年に、大学受験で上京した際、岩谷清水先輩（土佐高・早大）の下宿にころがり込んだ。その家が、児童文学者で早大教授の酒井先生の家だった。この縁で、大学時代もずっと酒井家に出入りしていた。よく作家小川未明、画家初山滋などが来訪し、用談後の酒席でお相伴にあずかるという、貴重な体験もした。思えば当時、「自由で芸術的な児童文学」を旗印に結成された児童文学者協会の中心が、小川、酒井のお二人であった。これに批判的な早大童話会の古田足日、山中恒両氏などが、リアリズム児童文学を提起し、論争のただ中だったのだ。私が子どもの本の編集者になったのを、大変喜んでプレゼントしてくださった本の一冊が『ハイジ』だった。

『ハイジ』の舞台は、チューリッヒから列車で南へ一時間半ほど行ったマイエンフェルトである。本が出た一八八〇年には、ドイツのフランクフルトとこのアルプスの山村は、すでに鉄道で結ばれていた。小さな駅は、都会で夢遊病になったハイジが、やっとの思いでたどり着いた光景を思い出させてくれる。

雪をかぶったアルプスの山に抱かれるように、古い石造の街並みがあり、古城、教会、そして広場の泉が、静かな街のアクセントになっている。山腹にハイジの泉があると教えられ、山道を登る。一面のブドウ畑で、次第に展望が開け、山と牧場と街が調和したパノラマがすばらしい。四十分ほどで、ハイジと羊の石像を刻んだ記念の泉に着く。若い母が、子どもたちを遊ばせており、さらに登ればペーター少年の家や、アルムじいさんの山小屋があるというが、時間切れで引き返す。

『ハイジ』は、神と自然と純真な子ども心をたたえる教訓小説の傑作とされる。しかし現地を訪ねて再読すると、現代社会がかかえる大きな問題を予見し、後世に警告してくれていたようにも思える。

ナポリでのすさんだ都会生活のあと、山小屋にこもる孤独なアルムじいさん。大都市フランクフルトに飛び出た後、めいの孤児ハイジをも連れ出そうとする若いおばデート。大都市の石の家で、友人もなく厳しい家庭教師の管理下にあった病身のクララ。これらは、近代産業社会の発展と都市化がもたらすさまざまなひずみが、幼い子どもや老人の心身に最も強く表出することをすでに示唆していた。

アルプスの村で豊かな自然に恵まれ、医師の娘として少女時代を過ごした作者ヨハンナ・スピリに思いをはせながら、中島氏の住むグリンデルワルトへと向かった。アイガーのふもと、スイスでも有数の観光地として知られるこの地で、写真修業中だった彼はホテルの一人娘と恋に落ちる。娘の両親の反対、二年間の国外追放などがんこな壁に阻まれながら、ついに結婚にこぎつけたのだ。

出迎えてくれた彼に、小学六年生になった息子さんに会いたいというと、今は山小屋にいるとのこと。翌日、連れていってもらうと、夏の牧草地で牧夫の指導をうけ、乳牛の放牧、搾乳、チーズ作り、干草作りを修業中であった。村では伝統的にホテルでも商店でも、自家用の乳牛を飼っている。専門の牧夫の手を借りることが多くなった今も、少年はひと夏、山で牧童体験をするのがならわしだという。

アジア系の人間を簡単には住民に迎えないがんこさ、牧童体験が一種の成人儀礼《イニシエーション》として続くがんこさ、これがEUにも加わらず、小さな山国ながら美しい自然と伝統文化を保持し続ける秘訣のようだ。ベランダに咲き乱れる草花に毎朝水をやるのも、少年少女の役割である。ハイジとペーターは、今も育っている。

甦った『フランダースの犬』

11.ベルギー　　アントワープ

いかにも健康そうなフランダースの少年。背後は風車小屋の模型。

アントワープのビール醸造にまつわる伝説の巨人像と遊ぶ子ども。

「ベルギーで最も衣装持ちの子どもは？」「ブリュッセルで最年長の市民は？」この答えは、ともに「小便小僧」である。すでに六百歳の誕生祝いを終えており、衣装は世界各国から贈られ、三百五十着にもなる。もともと飲料用の噴水として作られたが、あまりに可愛かったからか、十八世紀にフランス軍に持ち去られた。ルイ十五世が、おわびに貴族の服を着せて返したことから、衣服のプレゼントが始まったそうだ。

小便小僧は、十五世紀建造の美しい市庁舎や王の家が並ぶグランプラスのすぐそばに立っており、ブリュッセルに行くたびに、会ってくる。裸のこともあるが、多くは着替えて迎えてくれる。日本の羽織袴や柔道着も持っており、王の家に二百着が展示されている。

十年ほど前、ブリュッセル中央駅に降り、公衆電話をかけようとして、カード式ばかりなので、とまどっていると、すぐ少年が電話カードを差し出した。今はカード小僧が旅行者の便をはかりながら、ちゃっかり小遣いかせぎをしているのだ。

この駅から、列車で北へ四十分ほど行くと、フランドル地方の中心都市アントワープに着く。あの名作『フランダースの犬』の舞台だ。

絵の才能を持ちながらも、貧しさの中で権力者にへつらう村人にうとまれ、愛犬とともに凍死する少年ネロ。イギリス生まれの女流作家ヴィーダが、一八七二年に書いたこの作品は、イギリスでもベルギーでも、いつか忘れ去られていた。ところが、日本では一九〇九年の初訳以来、児童文学だけでなく、幼児絵本としても、大人の文庫本としても、愛読され続けてきた。

ネロ少年は、アントワープの大聖堂でルーベンスの名画『キリスト降架』を仰ぎ見ながら、短く清らかな生涯を終える。かつて感動を心に刻んだ日本人観光客の中には、ノン・フィクションと思い込み、『キリスト降架』を見るだけでは満足せず、「ネロの墓はどこか、風車小屋のあった村を訪ねたい」と、申し出る人が絶えなかった。

これを見逃さずに、原作をさがし出して読んでみたのが、観光局のヤン・コルテール氏である。彼もこの物語にすっかり感動、さっそく時代考証を行い、かつて風車小屋があり一人娘もいたホボケン地区が舞台だったと確信する。そこで資金を集め、ネロと愛犬パトラッシュの銅像、そして風車小屋の模型を建てたのである。彼らが牛乳をアントワープへ運んだ道は「ネロとパトラッシュの散歩道」と呼ばれる観光コースになった。

このコルテール氏に、一日ゆっくり「散歩道」を案内していただいた。彼は「名作の舞台がはっきりして、日本人観光客に喜んでもらえました。ベルギーでも翻訳書が新しく出版され、子どもたちが読み始めたのが、なによりです」と語ってくれた。

当時とくらべ、ベルギーも日本も、子どもを取り巻く環境はすっかり変化し、豊かになった。福祉もととのった。しかし、大人たちの権力や富へのへつらい、心の貧困もまたひどくなった。残念ながら『フランダースの犬』が呼びかけるものは、今も失われていない。夕刻、ノートルダム寺院で『キリスト降架』と『聖母昇天』の前に立ち、崇高な画面に圧倒されつつ、名作の旅を終えた。

一九八九年にブリュッセルを訪ねた際は、日本の文化を紹介する大々的なイベントを開催中だった。伝統工芸のコーナーに立ち寄ると、思いがけず「おまさん、やってみいや」という土佐弁が聞こえてきた。土佐市の石元常正さんが、見事な手さばきで和紙を漉く実演をしては、観客にも紙漉きをうながしている。異国で耳にした土佐弁が心地よく、また観客にちゃんと通じているのにびっくりさせられた。

手漉きの紙つくりは、中国から西に伝わり、今もフランス、ドイツの山村で続いている。アジアでは、ネパールやシッキム、ブータンでも見られる。紙の里サミットはどうだろう。

板葺教会の地獄絵と陽気なお墓

12.ルーマニア　　マラムレシュ

古い木造教会での日曜礼拝のあと、友人とのんびり遊ぶ子どもたち。

“陽気なお墓”を楽しむ親子。

元気な頃の姿を描いた少女の墓標。

晴れ着でのんびり休日をすごすポイエニ村の少女たち。

一九九九年の夏、ルーマニアの首都ブカレストを出た貸切りバスは、北に向って四日目、ようやくウクライナとの国境にあるマラムレシュ地方にはいった。一行十四名は、西丸震哉氏（食生態学者、探検家）からの「今世紀最後の日蝕を見よう」「これがノストラダムスが予言した人類滅亡直前の日蝕だ！」という呼びかけに応じた、親しい旅仲間である。すでに、吸血鬼伝説で知られるドラキュラ公の生家や居城を訪ね、実は侵略軍を撃退した名君であったことを聞き、世界遺産に指定されたヴォロネツ修道院では、名高い「最後の審判」のフレスコ画を鑑賞した。モルドヴァの少年少女による民族舞踊も楽しんだ。八月八日の日曜日、フォークロアの宝庫マラムレシュに、この地方の民俗誌研究の権威みやこうせい氏を同道でやってきたのである。

バスは緑豊かな丘陵地帯を進む。点在する集落は教会を中心にできており、早朝の礼拝を終えた村人が家路についている。女性は白いブラウスに黒いスカート、頭にも黒いスカーフ、若い女性には花柄のスカート姿もいる。バスは街道からそれて、谷間のポイエニ村へ向かう。みや氏お気に入りの村だ。

「ルーマニアの名は、先住のダキア人が古代ローマ軍に征服されてローマ化したことに由来します。でもローマ軍はここまでは来ず、ダキア人の民俗がよく残っています。近年では、チャウシェスク独裁政権による集団農場化も免かれ、豊かな農牧業が続いています」

道ぞいに、丸太をくりぬいた水槽があり、かけひで引かれた水があふれている。村人や家畜ののどをうるおすためである。バスを降りて、村の中心部へ歩く。板葺屋根の木造農家があり、牛や羊が草を食んでいる。

村の辻では、木のベンチに老人や子どもが座っている。日曜のミサのあと、こうして仲間でおしゃべりをしたり、キャンディを食べたり、のんびり過ごすのだという。三、四人で散歩する若い男女もいる。農家の門が、屋根つきで大きく立派だ。太い門柱には樹木に花や太陽を組み合わせた浮き彫りをほどこしてある。生命の樹と呼ばれ、家や家族を守護するが、ステータス・シンボルでもある。

子どもたちの案内で、丘の上の板葺木造の教会へ行く。四百年前の建築で、小さいながら大工の技と心意気が伝わる風格だ。内部では祭壇のイコンと、奉納された赤いバラ模様の色鮮やかなスカーフが目立つ。暗さに目が慣れると、壁面の「最後の審判」が浮かび上がって来る。村絵師の素朴なタッチがよい。戒めも分かりやすい。隣の畑を奪った人が、悪魔に体をすきで引かれている。ミサの最中におならをした人は尻に栓を打ち込まれ、いねむりした人は夜も耳元でバイオリンをかき鳴らされ眠れない。中絶した人、牛乳を盗んだ人も恐ろしい罰を受けている。子どもたちも、この地獄絵を見ながら育つのだ。

怖い絵の後は、〈陽気なお墓〉を見るためにサプンツァ村へ移動した。教会の墓地には木の墓標が林立しており、そこには故人の生前の絵姿とメッセージが記されている。友人と酒を飲む絵の下には、「私は酒にだらしがなく、早くここに来ました。君は用心しなさい」とあり、司祭に祈る絵の下には、「私は子どもを正直にふるまうよう育てました。お守りください」とある。この墓標は五十年ほど前に始まった新しい風習だが、村人が故人を偲ぶのに好評なだけでなく、観光客にも人気が出ている。

マラムレシュでは農家に民宿したが、部屋は伝統的な刺しゅうを施した見事な民芸品で飾られていた。中学生の娘さんが仕事をよく手伝っている。朝は、シャンシャンという馬車の鈴の音で目が覚めた。ルーマニア正教会の教えのもと、伝統文化を受け継ぎながら、新しい文化をゆっくり加えているようだ。帰路は、ホレズ修道院で尼僧たちとともに見事な金環蝕を観測、ノストラダムスの予言のはずれたことを祝しながら、帰国の途についた。

空中ブランコや猛獣に大歓声

13.ロシア　　サーカス劇場、モスクワ日本人学校

聖ワシリー寺院の前で出会った姉と弟。モスクワの赤の広場で。

サーカス劇場のロビーで、ワニやチンパンジーと記念撮影。

日本の学校と全く同じ教室風景。モスクワの日本人学校。

「浮世絵の子どもたち」展のためモスクワに着いたのは、一九九八年八月二五日、当時のエリツィン大統領がルーブルの切り下げを発表、政治経済が大混乱しているさなかであった。浮世絵展どころではないのではと心配だったが、会場の東洋美術館ではきちんと準備が進んでおり、ひと安心する。街に出ると、確かに銀行には行列が出来ている。少しでもドルに替えておきたいのだ。銀行以上に長蛇の列になっていたのは、プーシキン美術館。開館百周年記念で、無料公開しており、熱心な市民が順番を待ってじっと並んでいる。ボリショイ劇場など、旧ソ連以来の芸術の殿堂は健在だ。もう一つ家族連れが目立ったのは、サーカスの劇場。人形劇なども盛んだが、子どもの人気はサーカスが第一で、チケットはすぐ売り切れるという。

後日サーカスを見物したが、子どもたちは晴れ着で来場、劇場前でポニーに乗ったり、ロビーでワニやチンパンジーと写真を撮ったり、大にぎわいだ。ピエロも、せいいっぱいサービスしている。演技は、空中ブランコに始まり、ゾウと虎の曲芸まで、スリル満点で華やかだ。大人でも楽しい。

会場から外に出ると厳しい現実もある。教会の前で、物乞いをする貧しい身なりの人もいる。労働者のデモ行進もある。聞くと、給料遅配や賃金カットが日常化しているのだ。

それでもなんとかやっていけるのは、多くの市民が郊外にダーチャという自家菜園を持っており、ある程度食料を自給しているからだ。

赤の広場では労働者が反政府の大集会を開いていた。近づくと右手に十字架、左手にレーニン像を持つロシア正教司祭の姿もあった。それにしてもゴルバチョフ元大統領が、バルト三国など国土の分割縮小を認めた張本人として、国民の人気がないのは予想以上だった。

ロシアの学校は九月が新年度で、まだ始まっていないが、大使館付属のモスクワ日本人学校が二学期を開始しており、訪ねてみた。住宅地のはずれにあり、ビルの一～三階はアメリカンスクール、四、五階が日本人学校だ。生徒は小中学生計百十六名、先生十四名、通学は全てスクールバスを使っている。大阪出身という大村穣校長に校内を案内していただきながら、お話をうかがう。

「日本の学習指導要領にそった義務教育をきちんと行いながら、立地を生かした国際理解教育を進めています。小学生でロシア語を二時間、中学生で英会話を二時間、特別にとってあり、学校交流もアメリカンスクールとモスクワの公立二校との間で行っています。スポーツと、芸能文化の交流が中心です」

体育館で体操をやっているクラスに、三人のロシア人生徒がいる。日本からの帰国生で、日本語や日本の学校が好きで入学したのだそうだ。理科の実験室や図書館も、国内同様に充実している。校長先生は生徒の特長について、こう語ってくれた。

「みんな学力は高いし、のびのびしており、自分の意見もきちんと発表できます。ただ治安の問題があって、生活科などの校外学習が困難で、友人関係も限られます。学校では、宇宙博物館などへの見学会や遠足、学芸発表会などで体験学習を補っています。生徒のなかには外国を転々として、日本での生活体験がほとんどない者もおり、気掛かりです」

教室の授業風景は、日本と全く変わらない。壁には「にこにこ元気な三年」などと掲げてある。気になるのは、せっかくこうして国際性や自己主張を身につけた生徒が、帰国後に協調性という名の付和雷同、個性排除体質のためにはじき出され、いじめられ、挫折するケースのあることだ。先年ブータンで会った国連大使とユニセフ代表は、ともにアメリカ育ちの日本女性だった。国際化時代を担う貴重な人材である帰国子女や、在日外国人の子弟が居心地のよい学校にすることも、日本の学校教育の重要な課題である。

モスクワ東洋美術館での浮世絵展は、デメンチェヴァ文化大臣も出席して、無事盛大に開会を迎えた。さすが芸術文化大国であった。

個人別ちょうどの学習でやる気

14.アメリカ合衆国（上）　　サミトン小学校

学校のクモンタイムで、算数のプリント教材に取り組む小学生。

ボランティアの保護者が授業の手助けをするサミトン小学校のキンダークラス。

サミトン校のリーダーの授業。好きな姿勢で本を読み、ノートをとる。

一九九〇年に初めてアメリカ合衆国へ行った。深南部と呼ばれるアトランタ、バーミングハム、ニューオーリンズの三都市で、小学校を視察するためであった。ところで、それまでアメリカに足が向かなかったのは、小学生時代のある原体験による。

第二次大戦の敗戦を、高知市立三里小学校の三年生で迎え、軍国少年は一夜にして占領軍指導の民主教育を受けることとなった。援助物資の粉ミルクには虫もいたが、おかげで飢えをしのいだ。翌年の夏からは、高知市種崎の千松公園にも進駐軍がジープを連らねて海水浴にやってきた。こわごわ見物に行ったが、昼食にびっくり。なんでもでてくる携帯食の缶詰、まっ白いサンドイッチ、チョコレートにチューインガム。目がくらんだ悪童仲間は、いつしか「ギブミーチョコレート」と、手をさし出すようになっていた。五年生になるとさらにエスカレート、スキを見てかっぱらったり、たばこの吸い殻を拾って吸ったりした。畑のマクワウリを盗んで食べたりもした。

二学期が始まったある日、いつになく厳しい顔の担任・福原三郎先生が、こう切り出した。「夏休みに盗みをした者、たばこを吸った者は出てこい」観念して前に出たのは、六人くらい。先生はぼろぼろ涙を流しながら全員のほほをなぐり、「先生が悪かった、先生のほほもなぐれ！」という。この時以来、たばこはやめ、盗みもしていない。ただ胸に、福原先生への慚愧の念とともに、アメリカへのぬぐいがたいコンプレックスが残った。

一九八〇年代に、そのアメリカの経済力に陰りが見え、原因は国民の学力と教養の不足にあるとして教育改革が始まった。特に南部では、メキシコ系、アフリカ系の家庭が多く、両親の英語力が十分でないため、生活学習中心では効果が上がらなくなっていた。そこで公文式数学を導入する学校が現れ、公文公先生から「実状を見てくるように」との要請があり、ようやく旅立ったのである。

まず、アラバマ州のサミトン校を訪ねた。一九八八年に、全米で初めて公文式を導入したブラック校長が迎えてくれた。大柄で明るい女性だが、副校長時代に公文式数学を知り、研究したうえで学校や地区教委を説得、導入して実績を上げ、校長になったばかりだった。教室風景は日本とかなり異なり、机はグループ別が多く、床に座ったり寝っころがったりで先生を囲んでの授業もある。発言も活発だ。そんななか、静かに計算に熱中しているのが、クモンタイムの教室だった。それぞれ進度に合ったプリントを与えられ、問題を解くとボランティアの保護者が担当する採点コーナーで、すぐ採点してもらう。ミスがあればやり直し、毎日百点満点を持って帰る。みんな真剣だ。校長室で、お話をうかがう。

「公文式を始めて、なにより嬉しいのは、子どもたちが算数を好きになり、熱中してくれることです。算数は正解がはっきりしており、自分で解ければ子どもの大好きな教科なのです。公文式は個人別・自学自習の教材で、しかも系統学習で上に進めます。家庭環境による学力差が大きいこの地区には最適で、全校の数学力が上がり、学習意欲全般の向上にもつながっています」

深南部の小学校を見学して印象的だったのは、教育行政は州政府の責任だが、国民の基礎学力向上、特に就学前教育と遅進児対策には国が予算を組み、注力していることだ。その代表的施策がテレビ番組セサミストリートと、学校での幼児教育キンダークラスで、イリノイ大教授だった故マクビガー・ハント博士の「初期の知的経験」や「対応の問題」を重視する発達理論にもとづいている。

対応の問題とは、子どもが努力すれば自ら解決が可能なちょうどの問題を、提示することだという。サミトンのブラック校長も、ちょうどの学習で、やる気を喚起したのである。その後アメリカの経済力が回復したのは、ご承知のとおりだが、現在同校では五百七十五名、全米では約九万人が公文式教材で学習している。

ホームスクールで脱学校

15.アメリカ合衆国（下）　　**全米書籍展、ボストン子ども博物館**

おもちゃに囲まれ笑顔がはじける父と娘。ニューヨークの玩具店。

シャボン液で膜を作って楽しむ母と子。ボストン子ども博物館。

抜群のリズム感で音楽の授業をリードするアフリカ系小学生。

一九九三年には、マイアミで開かれたABA（全米書籍展）に参加したあと、ニューヨーク、ボストンと回り、出版教育事情を視察してきた。ABAは、全米の書店が新刊書を出版社から直接仕入れる商談が中心だ。出版社は、人気キャラクターの縫いぐるみを登場させるなど、家族ぐるみで参加する書店に懸命にアピールしており、活気があった。

アメリカの児童文学は『トム・ソーヤーの冒険』以来の、笑いとスリルに満ちた傑作を生む伝統があり、児童出版社としては目がはなせない。くもん出版でも何冊か翻訳出版をしたが、最も印象深い本は『ワトソン一家に天使がやってくるとき』である。作者のポール・カーティスは、アフリカ系アメリカ人で、その体験が生きている。一九七〇年代のシカゴでくらすはちゃめちゃないたずら少年と、優等生のその弟が、生まれ故郷のバーミングハムに帰ることになり、当時の厳しい人種差別に直面する。キング牧師暗殺、教会爆破などの事件が生々しく思いおこされ、胸に迫る。

ニューヨークで一番の目的は全米一のブッククラブ訪問だった。マンスリー・オブ・ブッククラブで二、三年前から児童対象のコースを開発、十数万人の会員を集めていた。成功の要因を女性担当者はこう話してくれた。

「若い夫婦は共働きが当たり前で、子どもの読書の重要性は分かっていても、新刊書を選ぶ余裕がありません。そこで専門家が選んだ良書を、毎月二冊郵送する方式が喜ばれたのです。会員募集は、学校の先生から生徒経由で家庭に申し込み書を配布、回収までしてもらう方式が、有効でした」

近年はこれにアマゾン・コムなど、インターネット販売が加わり、書店とともに三つのルートが競いあっている。図書館も充実しており、読者の立場からは新刊良書が、早く安く流通し、うらやましい限りである。

ボストンでは美術館とともに、ボストン子ども博物館が楽しみであった。実験観察と体験学習の場として、世界の子ども科学館のモデルとなった博物館である。港の大倉庫を改築したもので、入口には黄色いスクールバスが停車し、団体の生徒も親子連れも多い。

内部では科学実験遊びといったコーナーが充実しており、子どもたちが自由に楽しんでいる。シャボン液の水槽では、大小さまざまな形の膜を作ったり、水槽から横棒を引き上げるとどうなるか、クイズ形式の仮設実験にチャレンジしたりで、シャボン玉飛ばしもできる。あまり系統性はないが、遊びのなかで物質の特徴に気づく工夫がしてある。

人体のコーナーでは、さわれる骨格標本もあれば、人体のお腹から腸を引っぱり出して、その長さを実感することもできる。プレイルームでは、立体造形などが指導してもらえる。

異文化体験では、平原インディアンの三角錐のテント式住居と日本の京都の町家が人気を得ていた。町家は西陣から解体移築した本物である。学芸員によると、

「現代の町家を、テレビも仏壇もダルマも食卓も、そっくり持ってきました。子どもの人気ベスト3は、①箸をつかっての食事ごっこ、②コンパクトなキッチン、③手洗いと便器水洗を二段式にした節水トイレ、です。畳の感触も喜ばれます」

今後はIT（情報技術）導入で、実験や体験を子ども自身が記録し、結果を発表、討論することが進展するだろう。最近アメリカではインターネットによる多彩な学習プログラムの提供が始まり、地域の博物館、図書館、民間教育機関の充実もあって、在宅学習が急増している。ホームスクールと呼ばれるもので、学校の荒廃もあって就学人口の三パーセント、百五十万人におよんでいる。保護者が高卒以上なら在宅学習が認可され、通信教育などで単位をとると大学受験資格が得られる制度だが、大学側も入学を歓迎だという。一斉授業による学校中心の教育制度は、まだ百数十年の歴史しかない。日米という高学歴社会で、そのひずみが露呈しつつあり、根本からの再検討を迫られている。

第２章

アジア・エジプト

タイ北部、パダウン族（首長族）の少女

木造モスクに響くコーラン朗唱

1.インド（上）　スリナガル、デリー

老師の指導でコーランを朗唱するスリナガルの少年少女。

写真撮影に集まってきたジャイ・シンさん（左）の親戚一同。

村の水場の子どもと、ベールをして食器を洗う主婦。

インドは底なしの魅力あふれる国である。大金持ちも極貧も底なしなら、国土の広さも歴史も、民族と文化の多様性も計り知れない。この底なしの魅力にいったん取りつかれると、抜け出せなくなる。一九八七年に初訪問してはまってしまい、結局五年間毎年のようにインドへ行くことになった。

初回は観光大臣のご招待で、デリー、アグラを中心に、タージ・マハルなどの名所旧跡をめぐった。写真で見なれた風景の現地確認といった旅だった。一般家庭の見学を希望すると、案内されたのは宝石商の豪邸だった。家具調度の立派さはともかく、家族数より召し使いが多いのに驚かされた。サリー姿の奥様は、腰に十数個のカギを下げており、各部屋の出入りにも家具の開閉にも、カギを使っている。利発そうな中学生の息子は、数学が得意だという。さすが0《ゼロ》を発明し、今もコンピューター・ソフトの先端国ならではだ。しかし、街には物乞いも多く、路上でくらすストリートチルドレンも目立つ。

この旅行の公式ルートでよかったのは、スリナガルである。五月のデリーは四十数度の猛暑だったが、カシミール盆地は早春で、花が咲き乱れる別天地。朝夕はまだ寒く、牧童は炭火を灰に埋めた火桶を手に羊を追っていた。ヒマラヤの高峰が影を映すダル湖を小舟が行き交い、牧歌的だ。森林地帯だけに、イスラム寺院も木造が多く、十五世紀以来の由緒を誇る壮大なモスクもそびえていた。巨大な木造列柱の下で、老師とともに子どもたちがコーランを朗唱するのどかな風景が印象的であった。近年はイスラム原理主義とインド大国主義の衝突で、印パの戦闘が続いており、子どもの犠牲者も続出している。

旅の最終日の朝、デリー発の帰国便の出発が半日遅れて夜になると知らされ、「しめた」と思った。空港に近いホテルの部屋から、二十分も歩けば行けそうな集落が、畑の彼方に見えていたのだ。カメラを手に、一人で飛び出した。

村の入口には木陰に縁台が置いてあり、老人たちがタバコを吸っている。戦前まで故郷の高知市種崎でも見られた、夏の路上の〈涼み台〉と同じ風情だ。村内にゆっくり入って行くと、井戸がありベールで顔を隠した女性たちが、つるべで水をくみ、素焼の壷に入れては頭上運搬をしている。四〇歳くらいの堂々とした男性が現れたので、写真を撮りたいというと、女性にも声をかけ、了解をとってくれる。そして、こう言う。

「私の名はジャイ・シン。村は農民が多いが自分は空港の食堂で働いている。よかったら家に来ないか」

喜んでついていくと、レンガ積みの典型的なインド庶民の家で、ワンルームにたたきがついただけ。日差しをさけて部屋に入ると、正面に祭壇があり、ヒンドゥーの神々を祀ってある。その左右にベットと家具が少しある。まずは祭壇の神々に手を合わす。外で遊んでいた四人の子どもたちが帰ってくる。好奇心いっぱいの目が、キラキラ輝いている。奥さんが熱いミルクティーを入れてくれる。祭壇のラクシュミー女神の素朴な塑像をほめると、プレゼントするといってきかない。ありがたくいただいたが、こちらは帰国寸前で、何のお返しの品もない。心暖かい庶民の歓待に、満ち足りた思いで引き上げた。

帰国後、すぐ写真を伸ばして送ると、礼状が来て「ぜひもう一度来なさい」とある。一年後に再訪すると、祭壇に送ってあげた家族の写真を飾ってあり、親戚一同が集まっている。その記念写真を撮り、寺院や学校など村じゅうを案内してもらう。村人がこぞって写真を撮ってくれという。若い女性も家の中ではベールをとって素顔でカメラに向かう。ただ立派な地主の家だけは、門を閉ざして入れてくれなかった。

愛と繁栄のラクシュミー女神をわが家に飾ったおかげか、その後もインドに呼ばれることが多かった。ただ、民族紛争、宗教紛争のニュースが多いのに、胸を痛めている。

マザー・テレサと子どもの家

2.インド（中）　カルカッタ、インパール、シロン

インパール、ロクタク湖の浮島に住む漁民の父と娘。

民族紛争が続くシロンの町で出会った、ストリートチルドレンの兄弟。

パンクしたサッカーボールを蹴って遊ぶナガ族の少年。

カルカッタでマザー・テレサの「子どもの家」と「死を待つ人の家」を見学したのは、一九九一年一〇月だった。荒ぶる女神ドゥルガーの祭をひかえ、喧騒を極める大通りから小さな門をくぐって「子どもの家」に入ると、そこは落ち着いた乳幼児の天国だった。

清潔なベッドに天井の扇風機が優しく風を送り、ガラガラなど育児玩具も整っている。なによりシスターだけでなく、ボランティアの市民を含め、多くの人々が愛情いっぱいの世話をしている姿に感動を覚えた。案内の担当者は、こう説明してくれた。

「今、赤ん坊百二十人、幼児九十六人がいます。食事だけもらいに来るストリートチルドレンも多く、食事は千人分用意します。肉親の愛情に恵まれなかった乳幼児だけに、一人ひとりが大切にされていると感じられる育児を心がけています。日本からも、市内に宿を借りて数か月間ボランティアで通ってくれる若い女性がいて、感謝しています」

くもん出版では『マザー・テレサ愛に生きる』（沖守弘著）を刊行しており、マザー・テレサにもお目にかかりたかったが、募金活動のため海外に出ていて不在だった。そのマザーも、もういない。

一九九二年には、インド政府の特別入域許可をとって、カルカッタ経由で北東辺境区を訪ねた。ここは、中国、ミャンマー、バングラデシュ、ブータンと国を接しており、中印国境紛争と民族独立運動が続き、大部分が外国人立入り禁止になっている。紅茶で知られるアッサム州もこの地区だが、住民は日本人と同じモンゴロイド系民族である。ナガ族やカシ族などは、巨石文化をはじめ特色ある伝統文化を保持しており、東南アジアの民族文化を考察する上で、欠かせない地域となっている。子どもの伝承遊びもぜひ探りたいと思い、仲間四人でやっと許可を得た。

最初の訪問地は、第二次大戦末期に日本軍が無謀な進軍を行ない、三万人余の戦死者を出したインパールだった。夜、ホテルの部屋に密かに大学生がやって来た。独立運動のメンバーだと名乗り、「同じモンゴロイドとして、アーリア系インド人の支配からの分離独立運動を理解してほしい」という。

翌日、役人たちが独立運動の拠点だといってしぶるのを説得、ナガ族の村ウクルルまで山道を案内してもらった。途中検問が五か所もある。遮断機を降ろし、機関銃をすえ、トーチカを兵が固めている。やっとたどり着いたウクルルの伝統的な家屋は全て火災で焼けていたが、見事な手織りのショールをまとった娘たちの笑顔が救いだった。

次にアッサム州の州都ガウハティから、車で夜の山道を南下、メガラヤ州シロンへ行った。英国植民地時代は避暑地として栄えた町で、翌朝ホテルからの眺めは、尾根筋の樹林にそって洋館が点在し、桜も満開で素晴らしい。ところが、ガイドが来て「インド連邦政府が地元大学の学生委員長を逮捕したのに抗議、今日から町をあげてのストに入る。武力衝突の可能性もあり、外国人は退去せよとの命令だ」という。ここでも民族紛争だ。さらに、英国植民地時代にキリスト教が持ち込まれ、アーリア系対モンゴロイド系に、ヒンドゥー教対キリスト教などの宗教対立も加わり、より激化している。とにかく午前中だけでも、街に出てみる。ビルも商店も全て戸を閉め、カギをかけてある。銃を手にパトロールする連邦軍兵士を、市民が冷たく見つめている。ガランとした大通りでようやく子どもの姿を見つけた。近づくと、ゴミをあさる兄弟のストリートチルドレンだ。撮影し、お礼にキャンディーを差し出すと、弟は兄の許しを得てから、やっと笑顔で受け取った。

住宅地では、庭先でノートを広げている小学生が目立った。休校だが、宿題が出ており、暗い室内より庭で勉強するのだという。紛争の犠牲となり、学校にも行けない子どもたちが、懸命に学び生きようとする姿に思いをはせながら、車の前後を警察のジープと完全武装の兵を満載した軍のトラックに護衛され、シロンを脱出した。

テロにも負けず遊べや遊べ

2.インド（下） シッキム、ダージリン

赤ちゃんをかごに背負って働きに出るネパール系リンブ族の母親。シッキムで。

ダージリンの子どもの広場。改造三輪車を、自動車気分で楽しむ。

女子は縄跳びが大好き。みんなで調子をそろえて、ぴょん。

特別入域許可をとってヒマラヤ南面のダージリン、シッキムに向かったのは、一九八八年の四月末だった。五月五日子どもの日には、友人の日本テレビ・プロデューサー岩下莞爾氏（故人）が、「中国・日本・ネパール友好登山隊」をひきいて、チョモランマ（エベレスト）に登頂することになっていた。ダージリンからその瞬間を祝福すると同時に、かつてなぞの王国とされたシッキムの現状を見たかったのだ。

カルカッタからバグドグラに飛び、車で山地へ入ろうとするところで、ストップがかかった。メーデーを迎え、ダージリンではテロ活動が激化、外国人は入域禁止だという。やむなくシッキムへと進路を変え、五時間で暗くなった州都ガントックにたどり着いた。

あくる日から、尾根筋にへばりつくように三、四階建ての古い建物が並ぶ市内を散策した。和服に似た着物姿で顔も日本人そっくりの婦人を見かけ、「レプチャですか？」と聞くと、「そうです」という。一九五五年に安田徳太郎氏が、「万葉時代の日本語をしゃべるレプチャ族」を発表し、大きな話題になった。シッキムはその後王制を廃止し、今はインドの一州になっているが、レプチャ族は健在でひと安心だ。シッキムは、チベット系のボーティア族と、レプチャ族が中心で王制を続けていたが、次第にネパール系グルカ人が多くなった。そして王がアメリカ女性を妃に迎えたのを機会に王制反対運動がおこり、一九七五年の選挙で王制を廃止したが、インドの策略との説もあった。

州政府の教育局に勤めているというレプチャの婦人と話していると、二台のジープがやってきた。中では、チベットの正装をした中学生くらいの娘さんが、曼荼羅図を抱きしめている。降り立った男たちに話を聞く。

「兄の娘だがカトマンズに嫁入りするため、二日がかりで送るところだ。花嫁は両親との別れがつらくて、さっきまで泣いていた」

ここでは、多くの民族が独自の宗教、言語、衣装などを守りながら同居し、しかも国境を越えて、自由に往来している。チベットから逃れてきたラマ教（チベット仏教）の僧侶も多く、立派な寺院では、素朴な手漉きの紙に経典や仏画を摺る作業や、小学生くらいの僧が修行する姿も見ることができた。

五月四日、ようやくダージリン入域の許可が出た。ダージリンの町を目前に深い谷があり、いったん谷底までおりてから急坂を登る。次第に茶畑が多くなり、やがて町に入る。

ホテルに着いて、テロ活動の背景を聞いた。

「茶園労働者の多くは、ネパールから来たグルカ人です。ここは西ベンガル州の一部で共産党政権ですが、中央政府は州政府をけん制するためにグルカ人を利用しようとしたのです。ところが、グルカ人が〈グルカランド〉としての独立運動を始めたので、結局三つどもえの争いになっています」

町を歩くと、テロで名物の登山鉄道もストップ、紅茶の収穫も遅れている。「ベンガル人出ていけ！」の看板の下を、連邦政府の治安警察が銃を手にパトロールしている。そんな中、路地では水運びや子守りの子どもを見かける。輪回しや、手づくりボールでのキャッチボールもしている。突き当たりの石段を登ると、突然子どもの別天地が広がっていた。大勢の子どもが夢中で遊んでいる。

男の子は、廃物利用の手押し車、ビー玉、そしてレスリングごっこ。女の子は、縄を大きく回しての縄跳びや、だんだんゴムの位置を高くするゴム跳びだ。大人の紛争をよそに、ここは笑い声がはじけている。グルカ人の子どもが中心だが、これにベンガル人も加わり、子どもどうしの融和が進めばなによりだ。

あくる日は、五月五日。日の出前にタイガーヒルにかけつけた。幸い好天で、夜明けとともに、朝焼けのエベレストが、荘厳な姿を見せ始めた。これなら、岩下隊の登頂まちがいなしだろう。民族紛争をよそに、明るく遊ぶ子どもたちに平和への希望を託しながら、警戒の続く紅茶の町をあとにした。

今に残る寺子屋と日本の教育援助

4. ネパール　　カトマンズ

寺院の回廊で開かれていた、不登校児のための寺子屋。

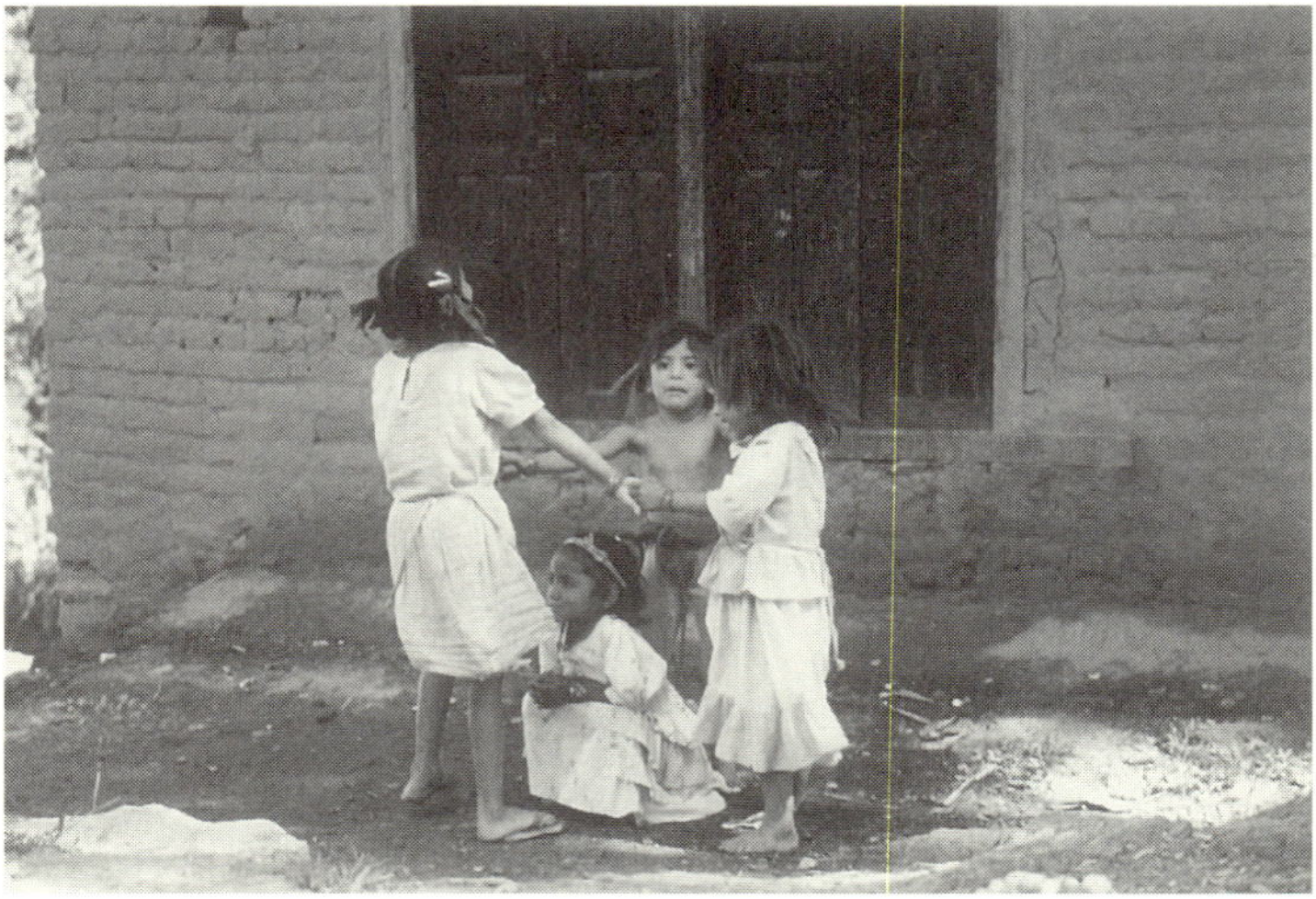

「ジャングルの迷子さん、立ちなさい…」と歌う、目かくし鬼の遊び。

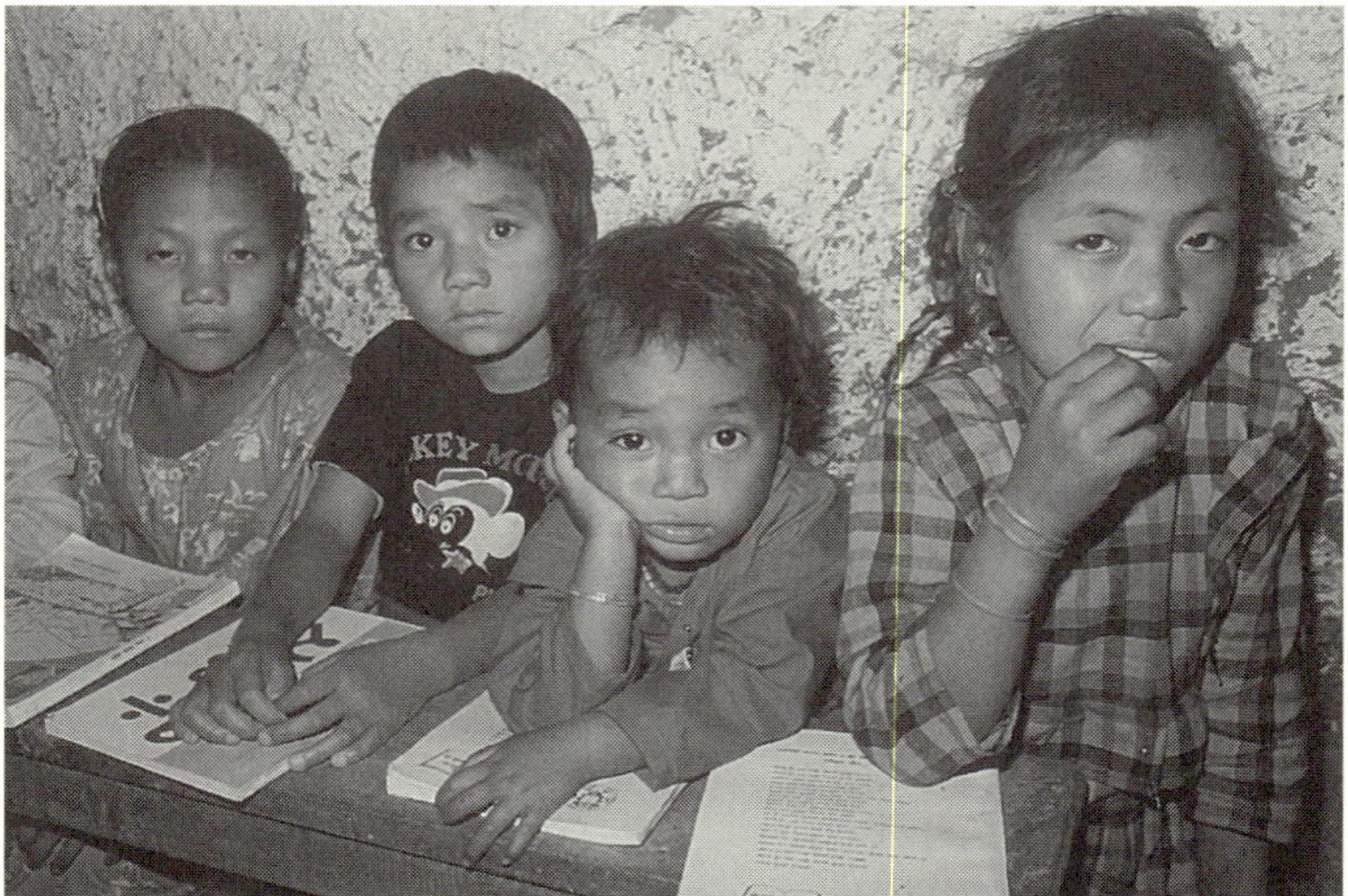

カカニ村の小学生。教材も文房具も足りないが、学校は大好きという。

ネパールの首都カトマンズは、旧王宮を中心に古くからのヒンドゥー寺院と商店が並び、人と神が同居する中世さながらの街だ。一九八九年に初訪問した際は、インドの経済封鎖で石油が不足、大混乱をきたしていた。バスは運転本数が激減し、屋根の上まで鈴なりだった。

郊外のヒンドゥー寺院を訪ねると、中庭をとりまく回廊のすみに、多くの子どもたちがいる。近づいてみると、三つのグループに分かれて勉強の最中だ。黒板の前に立った先生からネパール語を教わっている組、黒板に書かれた引き算を計算している組、それにまったくの自習組である。まさに寺子屋だ。

一人で、三組の世話をする先生に話をうかがう。「小学生も家の貴重な労働力なので、入学しても一、二年生でやめさせられる子どもが多いのです。そんな子どもに読み書き計算を教えるための教室です。寺院とボランティアの援助で運営していますが、先生も教科書も、鉛筆・ノートも不足です」。どの子も、ちびた鉛筆を大事そうににぎりしめ、真剣に勉強している。近くの農家を回ると確かに子どもも子守りや水運び、家畜の世話など、よく働いている。ぜいたくになれた日本の子どもたちに、見せてやりたい光景だった。

この旅で、JICA（国際協力事業団）のネパール事務所永友政敏次長と知り合った。

ネパールの現状を熟知し、日本から派遣された技術指導の専門家や、青年海外協力隊の隊員たちのよき相談相手になっていた。教育事情が気がかりだから、次回はぜひ学校と文部省を訪ねたいとお願いして別れた。

再訪問は一九九〇年一〇月だったが、四月に国王の独裁体制を批判する民主化闘争がおこり、国民会議と統一左翼戦線が主導する暫定政府が発足、立憲君主制の新憲法制定に取り組んでいる最中だった。永友さんたちの手配で、まずカトマンズ北方のカカニ村の小学校へ向かった。車で二時間ほど山道を登り、ようやく小学校に着く。木造二階建ての校舎正面には、この校舎を寄付した日本人TANAKAと仏人尼僧の名をかかげてある。生徒全員が庭に集合したところで、持参の文房具をプレゼントする。ついで授業を見学する。若い先生は意欲的だが、机といす、教科書以外は、なにもかも不足だ。

カトマンズに帰ると、文部省の役人でなく、ライマジ大臣みずからが会いたいとのことで、私邸に訪ねる。医学博士で、日本の教育事情にもよく通じており、話がはずむ。公文式教育の海外での普及に強く興味を持ち、「ぜひ公文式数学を導入したい。担当者に日本のODA（政府開発援助）の申請をするよう指示する」と断言する。

帰国し、当時の公文教育研究会公文毅社長（故人）に報告すると、「途上国への教育にはぜひ協力したい。ODAは時間がかかる。まず自分たちでやろう」と即決で社員一名を派遣することになった。

一九九二年二月から、カトマンズに駐在員を置き、現地の五校で、公文式教育の正課での授業が始まった。従来は、一斉授業による丸暗記中心で、計算の反復練習が足りず、また個人別指導でないために落ちこぼれが多かったのに対し、公文式は大きな学習効果を上げた。しかし、ODAの事業にはいつまでたってもならなかった。これは、ネパールの政治的混乱が続いて大臣が交代したことや、ODA援助には取扱い業者もからんでさまざまな制約があり、教育ソフトはやりたがらないことが原因のようだった。さらに、ネパールでの教育援助の重要性と公文式をよく理解し、支持してくれたJICAの永友次長が、一九九二年八月に航空事故で急逝したことも重なり、三年後には中断せざるを得なかった。

途上国援助が、現地独裁政権の利権や、環境破壊、あるいは日本企業の利益優先になっては困る。教育援助は、なによりも重要だ。ODAのあり方には、国民がさらに注目すべきであろう。

民族衣装で小学生から英語

5.ブータン　　パロ、ティンプー

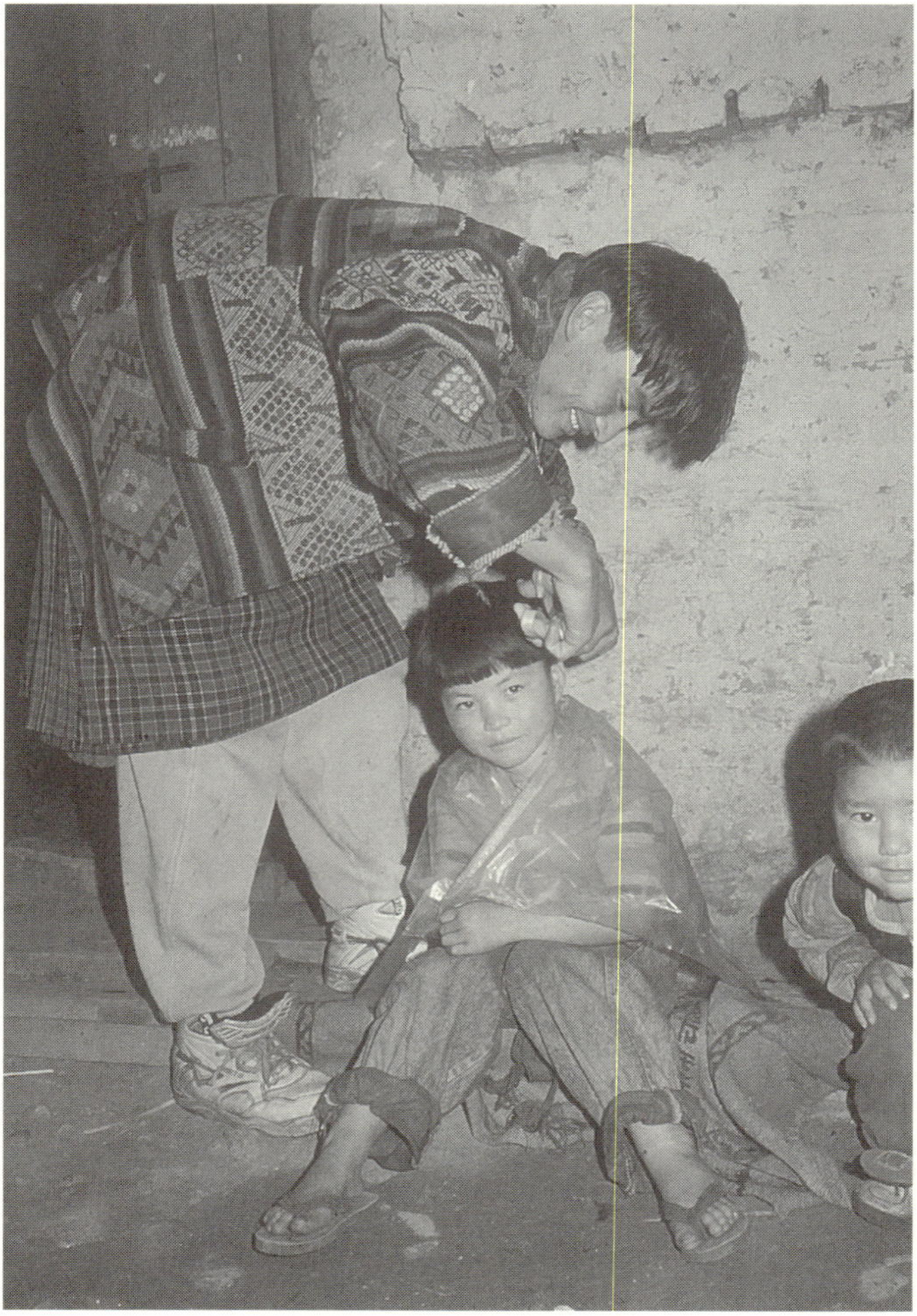

お父さんに散髪してもらう女の子。父も子も民族衣装だ。

川ぞいに段々畑が広がる山道を通学する子ども。日本の山村とそっくり。

英語を使って、自主性を尊重したグループ学習が行われている小学校。

念願かなってヒマラヤの「神秘の王国」を訪問したのは、一九九七年四月だった。唯一の空港があるパロは盆地の町で、見事な水田が広がり、木造三階建ての立派な民家が点在している。山すそには白壁の城塞ゾンがそびえており、日本の山間の城下町のようだ。人々の顔つき、衣服、しぐさには、今は失われた古きよき日本を思い起こすものがある。出会った小学生に、つい日本語で「こんにちは」と声をかけると、「ハウドゥユドゥ」と英語できちんと返事があり、びっくりさせられた。

首都ティンプーでは、さっそく学校を訪ねてみた。サンシャイン小学校だ。一年生は英語の歌をうたい、掛け図の品名を英語で読み上げている。二年生は算数だが、英文の教科書で先生も英語で教えている。先生は「国語はブータン語ゾンカを使いますが、他の教科は英語です。中学・高校と勉強を続け、世界の新しい科学知識や社会情勢を学ぶには、語彙の少ないゾンカでは無理で、英語を早くから習得して使いこなすしかないのです」と、話してくれた。日本人は古くから中国語やポルトガル語を国語化してきたおかげで、明治維新後も欧米の哲学や政治、科学の用語を的確に翻訳できた。識字率の高さや同一言語の普及もあって、国民が自国の言語で欧米文化を理解できたが、特殊なケースだ。

長く鎖国状態だったブータンが、国連に加盟したのは一九七一年。その直後に先王急死のため、現国王ウォンチュックは、弱冠十六歳で跡を継いだ。先王以来教育には力を注ぎ、公立学校は無料、伝統衣装の制服は年一着支給で、大学も一校ある。仏教と伝統的な生活文化は大切にしており、役人や学生には民族衣装の着用が、住居には国内材を使った伝統的な木造建築が、義務となっている。これは近隣国が開国後、ヒッピー文化の流入などで混乱したことを反面教師としたもので、観光客の入国や、テレビ受信にも制限がある。一方、英語教育による国際化には力を入れている。英語教育成功の背景には、開国当時に貴族の子弟はインド留学をいやがったのに対し、応じた農家の子弟が、帰国後は英語を武器に公務員や教職について出世したことがある。先例が、勉強のよい動機づけになったのだ。

ティンプーでは、ユニセフ（国連児童基金）代表として駐在中の小野田エリ子氏に会い、ブータンの児童問題をうかがった。

「この国は美しい自然と、純粋で礼儀正しい人々に恵まれており、GNP（国民総生産）よりGNH（国民幸福度）のアップをめざしています。しかし、産業も社会基盤の整備も遅れており、特に地方では学校が不足です。教育の地方格差の是正や、数学はじめ基礎学力の向上、産業発展につながる職業教育の充実など、課題だらけで、援助が必要です」

このブータンへの援助活動で飛び抜けた実績を上げながら、一九九二年に現地で亡くなったのが西岡京治さんである。一九六四年にコロンボ計画の農業専門家としてこの国に派遣された西岡さんは、みずから田に入って苗をまっすぐ植え、田打ち機で除草と田起こしを同時にやってみせた。稲、大根、玉ねぎ、キャベツなどの優良品種を取りよせ、結果を示しながら普及に努めた。農民とともに働いて実態を知り、声を聞き、維持管理の困難な大型機械でなく、農民にちょうどの援助を実践し、信頼を得、成果を上げたのだった。

この西岡さんとは『民族探検の旅』(全八巻・学研)編集の際、監修者の梅棹忠夫先生の紹介で知り合い、ブータンを紹介する書籍『神秘の王国』も、里子夫人との共著で執筆いただいた。旅の終わりに、念願だった西岡農場を訪ねると、その教えを受けたジャンペイ・ドルジさんなどによって、世界へ野菜の種苗を供給する種苗会社や農業機械化センターへと発展していた。西岡さんの業績は『ブータンの朝日に夢をのせて』(木暮正夫著・くもん出版)にまとめられているので、ぜひご一読いただきたい。国王も参列しての盛大な葬儀の話をうかがいながら、西岡さんを記念する仏塔にお参りして、ブータンを後にした。

近代化で消える山岳民の文化

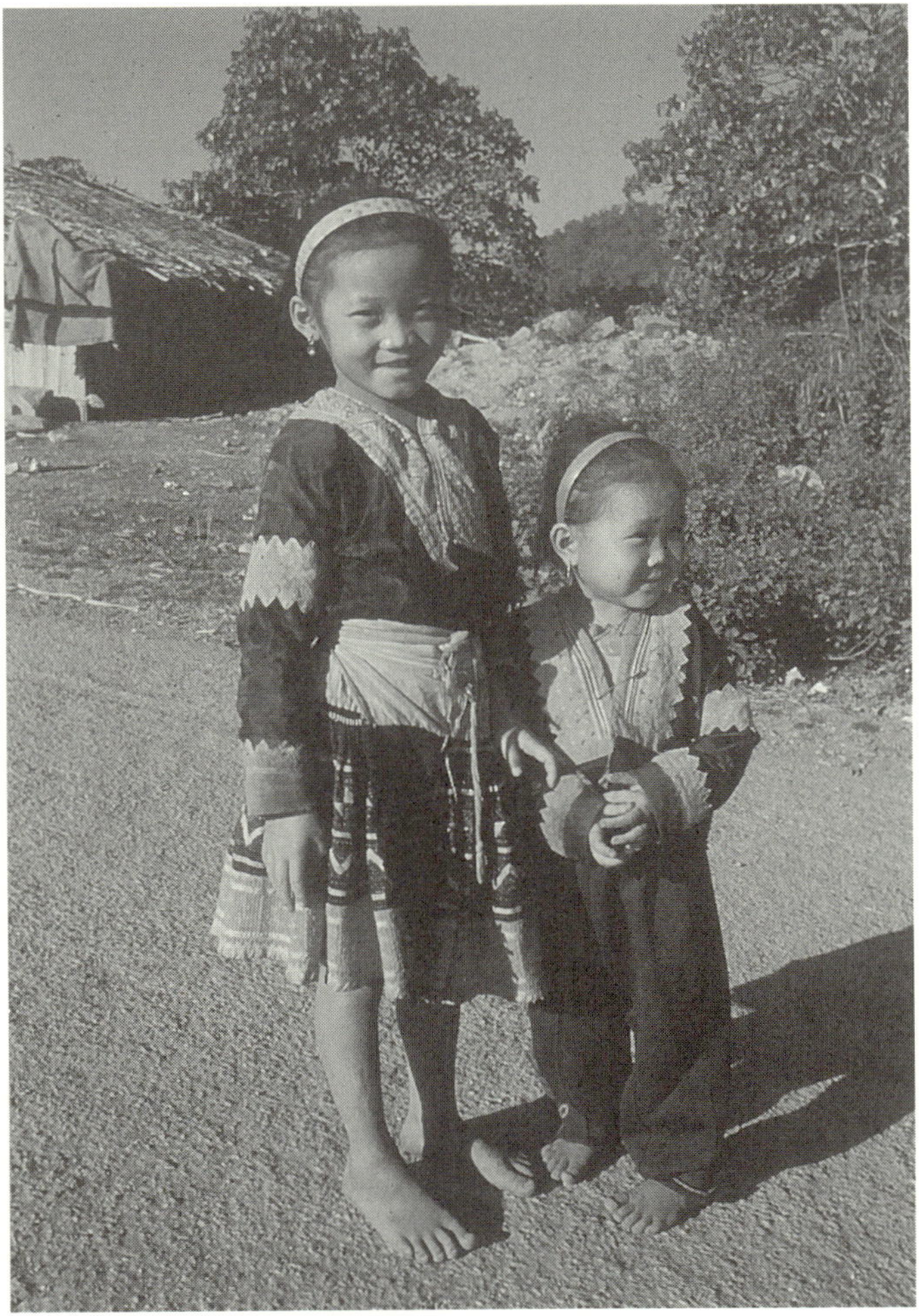

モン族の姉妹。刺繍をほどこした見事な民族衣装が守られている。

鞭ごまを力いっぱい回す男の子。正月には羽根つき、餅つきもする。

地べたに座り込んで、ままごと遊びをするモン族の女の子。

タイ北部の山岳地帯では、さまざまな少数民族が独自のカラフルな民族衣装を身にまとい、山の神々を祀りながら焼き畑農耕でくらしてきた。日本の山村とも類似点があるのではないかと思いつつ、一九九四年一月末に仲間十人ほどで探訪に旅立った。チェンマイを基地に寝袋持参で山村を回ったが、山岳民の伝統文化は崩壊の危機にさらされていた。

最初に訪問したアカ族の村の入口では、木彫りの鳥と呪標をのせた魔除けの門が、手入れされないまま朽ちかけている。村内では、老人と子どもばかりが目につく。焼き畑もケシ（アヘン、ヘロインの原料）の栽培も禁止される一方、自動車道路ができて便利な商品と町の情報が流入、出稼ぎだけでは収入が不足し、借金のかたに娘をとられる親もいるのだという。多くの若者が都会に出るが、エイズに感染して帰って来る娘もいる。彼らは婚前の性関係がきわめて開放的であったため、たちまち蔓延することになったのだ。

村の子どもたちは遠慮がちで、少しずつ近づいてくる。なかには二叉の枝にゴムを張ったパチンコを持つ子や、野鳥のひなをだいた子がいて、山村らしさを感じる。遊び場所はどこか聞くと、大きなブランコのある広場に案内してくれた。長い竹を四本組み合わせて二本の綱を下げた通常のものと、支柱に横木を渡して四つの座席をつけた回転式のブランコと、二種類ある。これらはアカ族の正月（八月）に、稲の豊作を祝ってこぐもので、普段は遊ばないという。ブランコは世界各地にある。インドでは古代から、太陽が衰える冬至にブランコに太陽（男神）を乗せて東西に振り動かすことで、大地（女神）と交わって元気をとりもどすとか、新年に豊作を願う農耕儀礼だとかいわれてきた。どうやらアカ族のブランコは、インドの系統のようだ。

次に勇猛で知られるリス族の村へ行った。ここは若くて美しい女性が多く、夕刻から華やかな衣装で歓迎の民族舞踊を披露してくれた。夜は村長の家に泊まった。このあと、ラフ族、ヤオ族、カレン族の村を訪ね、子どもの遊びに注目したが、ビー玉以外は手作り玩具しか見当たらない。大人が作ってやった木の三輪車や廃物利用の輪回しもあったが、木登りや土まんじゅう作りなど、単純な遊びばかりだ。カトマンズやダージリンでは、玩具はなくても目隠し鬼や縄とびなど、ルールがあって歌や動作をともなう活発な仲間遊びが見られただけに、気にかかった。民族紛争でミャンマーから避難してきたというパダウン族の女性は、首に銅線を巻き、首長族とも呼ばれる。成人後は首輪をとると頭を支えることができず、行動の自由を失うが、少女たちは今もこの奇妙な風習を守り続けていた。

最後にモン（メオ）族の村へ行ったが、ここでは元気よく鞭《むち》ごまを回す男子、ままごとや刺繍を楽しむ女子がいて、ほっとした。藍染めや刺繍は、民芸品として評価が高い。聞くと、正月には、羽根つき、まり投げ、餅つきもするという。古代中国の倭族《わぞく》の末裔《まつえい》とされ、日本と同類の遊びと風習が残っていた。

この山地民の子どもたちを、中学へ通わせるための、ボランティア宿舎を二か所訪ねた。一つは中野ほづみさんの「リス生徒寮」で、三十九名を寄宿させ、メースワイ中学へ通わせている。キツネ憑きの話が印象的だった。

「生徒がうっかり精霊ピーを祀った祠《ほこら》を壊したら、正気を失ないキツネ憑きのようになったのです。村人に、精霊に〈ごめんなさい〉の儀式をしないとだめといわれ、鶏二羽とお酒を供えてあやまったばかりです」

チェンライの「さくら寮」で八十四名をあずかる三輪隆さんは、問題点をこう語った。

「自然の中でくらす山岳民の文化にあこがれて付き合いが始まりました。しかし今は農業の破綻とエイズで、伝統文化が崩壊しつつあります。子どもたちが村の小学校だけでなく、町の中学でも学び、自らこの困難を乗り越える力を身につけてほしいのです」

三輪さんたちの願いが実ることを祈りながら、寮でくらす元気な山の子たちに別れを告げた。

植林ツアーで熱帯林の危機実感

7.マレーシア　　ボルネオ島

民族衣装で踊りを披露してくれたコタキナバルの小学生。

地元の小学生と一緒に苗木を植える。一年で背丈くらいに成長する。

日本のけん玉に挑戦する女生徒。たがいに遊びを教えあった。

小中学生を中心とする七十名の植林ツアー「くもん緑の親善使節」の世話役として、マレーシアのボルネオ島を訪ねたのは、一九九八年三月だった。コタキナバルの美しい海辺のホテルで朝を迎え、窓を開けると、白いもやに包まれており、きな臭い。煙だ。ボーイに聞くと、雨季だというのに年末以来雨らしい雨がなく、自然発火で山火事が続発、その煙が朝もやとなって町を覆うとのことだ。

緑の親善使節は、到着早々に森林火災の深刻さを実感することになった。この日、ボートで海岸の水上家屋の村と、マングローブ林の見学に出かけた。朝もやは消え、ボートからは山々がよく見渡せるが、そのあちこちで白煙が上がっている。海に近い火災現場に近づくと、赤い炎がはっきり見えるが、消火活動は全く行われていない。人家の周辺以外は、とても手が回らないそうだ。日本などへの木材輸出のための大規模な伐採に続いての、異常気象による雨不足の火災で、森林破壊が急速に進んでいる。地元住民も、ようやく開発による環境汚染に注目するようになった。

この日、国立ブキットパダン小学校を訪問して、交流会も行った。校門には歓迎の飾り付けがしてあり、カダザン族、バジャウ族など、多民族社会ならではの多彩な民族衣装の生徒が迎えてくれる。手作りのプレゼントを渡され、民族舞踊の披露、両国の歌の交歓で盛り上がる。日本から土産のけん玉を贈って、個人別交流に移る。地元小学生に囲まれて、けん玉を教えたり、土地のこまを教えてもらったり、バンブーダンスにチャレンジしたりだ。言葉は通じなくても、みんなひるむことなく、楽し気に遊んでいる。

一緒に給食を食べ、たがいに住所を書いたカードの交換が始まった頃には、三時間の予定が、あっという間にすぎていた。握手したり、抱きあったり、なかには涙を流して別れを惜しんでいる生徒もいる。小学生の一人はいう。

「生まれてはじめての大歓迎をうけ、もうびっくり。外国の子どもと、こんなに仲よくなれるとは思ってなかった。手ぶり身ぶりで遊びを教えあったのが楽しかった。文通の約束をしたので、英語をもっと勉強する」

あくる日は、いよいよ植林。サバ州林業開発公社の案内で、ルマットの山林へ向かった。バスを降りて、猛暑の中を山へ入る。植林区域にはすでに穴が掘ってあり、地元の小学生と一緒に次々と苗木を植え、土をかける。苗はアカシア・マンギウムで、十年でパルプ材になり、さらに数年たつと建材にもなる。森林火災のすごさを見たばかりだけに、熱心に作業を進め、六百六十五本を植え終えた。

帰りは、山のふもとからディーゼルカーでコタキナバルへ向かった。ところが途中で急停車、車窓から前方を見ると、山火事の火が線路の草むらまで飛び火している。しばらく停車して線路上の火が下火になるのを待ち、いっ気に速度を上げて駆け抜けた。車中で喚声を上げていた中学生に感想を聞く。

「線路が燃えていてひやひやした。山火事がこんなにひどいとは予想外で、帰ったらみんなに知らせたい。汗だくで植林したので、成長ぶりを確認するため、何年か後にもう一度来たい。ツアー仲間、マレーシア人、両方に友だちができてよかった」

滞在中には、ゴムのプランテーションや、オランウータン保護区も見学した。夜のミーティングでは、熱帯多雨林の特色と、焼き畑農耕、プランテーション、木材伐採など、森林の活用方法の問題点を話し合った。アメリカやカナダの寒帯針葉樹林では、伐採後の森林再生のシステムが確立されている。ところが熱帯多雨林ではそれがないまま、略奪的な伐採が急激に進んだ。森でくらす先住民にも、オランウータンにも、地球環境にも問題が発生、ようやく現地政府も保護に取り組み始めたが、木材輸入国日本の責任も大きい。

今回のような、小中学生のアジア近隣国での体験学習は、環境問題や外国語だけでなく、多くの問題意識を喚起し、学習の動機づけになにより有効だ。子どもたちにこそ、海外体験をすすめたい。

勇者育てた成人儀礼の大ジャンプ

8.インドネシア（上） ニアス島

高さ２メートルの石積み跳躍台を飛び越す青年。背後は巨大な王の家。

子どもたちの歓声が聞こえたので行ってみると、女の子の騎馬戦だった。

インド洋に浮かぶインドネシアの孤島ニアスの人々は、独自の創世神話と精霊信仰をもとに、壮麗な木造建築や巨石記念物を築き、オランダ軍の侵攻をも許さなかったことで知られる。この島の伝統文化をさぐるために訪ねたのは、一九九一年一一月だった。クアラルンプール、スマトラ島メダンを経て、赤道に近いニアス島北岸の小さな空港に着いたのは、成田を発って三日目だった。昼食もそこそこに、島の南端に残る神秘の村へと、車で出発した。山の悪路をなんとか走破し、海辺の宿に着いたのは夜九時になっていた。

翌朝、宿舎の裏から少年の元気な声が聞こえ、やがて拡声器から国歌が流れてくる。出かけてみると小さな中学校で、白い半袖シャツに紺のズボン、スカートの生徒たちが、歓迎してくれる。インドネシアはどんな離島へ行っても学校があり、制服姿（小学生はズボン、スカートが赤）の生徒たちが、独立後に制定されたインドネシア語を使って、勉強にはげんでいる。一万三千の島（住民のいるのは三千島）からなる多民族、多言語の国だけに、歴代大統領は〈多様性のなかの統一〉をスローガンに、教育には力を入れてきた。

朝食後、さっそく山中のバウォマタルオ村へ向かう。車が止まった先に、急傾斜の石段が伸びている。汗をふきふき八十段を登り切ると、見事な集落が出現した。平らな山上に幅三十メートルほどの石畳の道がまっすぐ伸び、両側には太い木柱で支えられた船型住居が整然と並んでいる。

道を進むと、左手に巨大な王の家「オモ・セブア」が現れる。高さ二十二メートルで、東南アジア最大の木造住居とされる。前庭には彫刻をほどこしたテーブル状の巨石や、石柱がある。家の正面には、王を守護する怪獣ラサラの頭部がかかげてある。二階に上がると、広間には神像を祀った立派な祭壇があり、板壁は蛇、トカゲなどの厚浮彫で飾られている。裏側の居室には炉があり、主婦が火吹き竹で火を起こしている。昔、風呂の火を焚くのによく使ったのを思い出しながら、村の歴史をうかがう。

「島を占拠したオランダは、十九世紀になると屈伏しない南部の村々に対し、武力攻撃を始め、元の村は焼き払われました。しかし、村人は山へ逃げ、ここに堅固な新しい村をつくり、伝統的な生活を続けたのです。さあ、踊りが始まりますので、ご覧ください」

いつの間にか、王の家の前の広場には、甲冑に身を固め、手に手に槍、刀、楯を持った戦士が集まっている。太鼓に合わせて、出陣、首狩り、勝利の、勇壮な踊りが披露された。ついで、赤や黄のあでやかな衣装の女性による客人歓迎のダンスもあった。

さらに若者によるジャンプが行われた。高さ二メートルの跳躍台があり、手前に三十センチほどの踏み切り石を置いてある。これを跳び越す成人儀礼に成功しなければ、戦士になれないのだ。若者たちは百五十センチほどで背は低いが、見事に跳んでくれた。この成人儀礼の存在が、オランダ軍を撃退し続けた強靭な戦士団を育てたのであろう。

このあと、別の二つの村も訪問したが、集落の様子はほぼ同じだった。子どもたちは、谷間から水を運んだり、子守りをしたり、よく家事を手伝っている。小石でのお手玉や、草花つみ、騎馬戦、ビー玉などの遊びも楽しんでいる。少年の写真を撮っていると、母親が出て来て家の中へ案内してくれた。現村長夫人だそうで、部屋に村の地図が貼ってあり、一軒ずつ色分けされている。何の地図か訪ねてびっくりした。

「私は、村人の家族計画の指導をしており、赤は避妊注射、青はピル、茶色は不妊手術を選んだ家です。ようやく効果が出ています」

ジャカルタでも政府の産児制限ポスターを見かけたが、ここまで徹底しているとは思わなかった。家族計画、教育、民族和解、産業育成と国づくりの課題が多いなか、ニアスのような少数民族の優れた伝統文化の継承者が、きちんと育ってくれることを願わずにはいられなかった。

南の島は異文化衝突で明暗

9.インドネシア（下）　　バリ島、バンダ諸島

元気でひょうきんな島の子ども。バンダ諸島のロンタル島で。

ロンタル島はくり舟が大事な交通手段。

トラジャ族が赤ん坊の樹木葬を行った巨木。

バリ島ブサキ寺院の百年祭に、正装でお参りする家族。

バリ島からバンダ海の香料列島へと、広大な海域を旅したのは、一九九六年四月だった。神々の島と呼ばれるバリ島は、村々にあるヒンドゥー寺院と、そこで神々のために演じられる多彩な芸能が観光客の人気を集め、最後の楽園ともされる。ヒンドゥー教といっても、土着の宗教と習合した独自性が強いバリ・ヒンドゥーである。

島では、古い習俗がよく残っているトゥンガナン村を訪ねた。ここは魔除けの文様を織り込んだ長大なイカット（絣）や、アダンの葉の剣で切り合う格闘的な成人儀礼で知られる。バリの一般的な成人式は、男女とも犬歯など六本の歯を平らに削る削歯である。村人に、その意味をたずねた。

「削歯は、生後三か月目に先祖の霊が赤ん坊に再生したことを祝う入魂式や、娘の初潮祝いとともに、とても大事な通過儀礼で、動物的な歯を削って、人間になるのです。六本の歯はそれぞれ、妬《ねた》み、奢《おご》り、欲張り、うそつき、情欲、陰口を意味しており、それら悪魔的要素を取り去るための儀式です」

こうしてバリ島では、華やかな芸能だけでなく、倫理的な精神文化も継承されてきた。一九〇六年に島の南部に攻め入ったオランダ軍は、正装した王族が銃弾を浴びながらも悠然と行進する姿に、かえって恐怖を覚えたという。やがて植民地政府も島の伝統文化を評価するところとなり、キリスト教化も防ぐことができた。オランダの芸術家たちも、好んで滞在するようになり、その人々からヒントを得て、神事はより洗練され劇的な構成を持つ芸能へと発展したのである。ケチャ・ダンスは、その代表例である。先祖たちが貴い血を流したおかげで、島民は今も誇りを持って神々への奉仕の芸能をみがき、観光収入をも得ている。子どもたちも継承に努めている。

バリ島から香料列島への飛行機は、途中スラウェシ島のウジュンパンダンに寄る。島の山中には、トラジャ族が住んでいる。以前訪ねた際に、なにより印象的だったのは、赤ん坊の樹木葬である。生後間もなく死亡した場合、亡きがらは巨木の幹に穴を開けて納める。熱帯の樹木は急速に再生し、穴を樹皮がおおいふさぐ。幼子《おさなご》は、巨木とともに生き続けるという、思いやりあふれる埋葬法だ。

次に、第二次大戦で日本軍が連合軍と激戦を交えたアンボンに行き、ここで客船に乗り継いで七時間、ようやくバンダ諸島のバンダネイラ島にたどり着いた。この島こそ、中世以来料理の香辛料として珍重されてきたニクズク（ナツメグ）の原産地であり、チョウジの産地でもあった。早くから、中国、インド、アラブの冒険商人が進出したが、十六世紀の大航海時代になると、ポルトガルやオランダなどヨーロッパ列強が植民地争奪戦を展開、十八世紀にオランダが支配権を確立した。この間十七世紀初頭には、関ヶ原で敗れた豊臣方の浪人がオランダの傭兵となって渡来し、住民を殺傷した記録が残っている。

バリ島は貿易基地や徴税のための支配だったが、バンダ諸島は香辛料栽培のためであった。それに協力しなかった住民は島から追放し、農園労働者はジャワ島やスラウェシ島から連れてきた。オランダは高価な香辛料を独占するために、十七世紀にはイギリス領だったバンダ諸島のルイ島を、なんとニューヨークのマンハッタン島と交換している。

バンダネイラ島では、客人歓迎の踊りや、コラ・コーラと呼ばれる盛大なボートレースを見学できたが、伝統文化ではない。ボートの船首飾りの由来を、島のボスにたずねた。「眼玉のついたのはイスラム系、龍頭は中国系、その他はキリスト系です。このレースは、オランダが民族融和のために始めたもので、独立後に復活しました」

しかし近年、この地域ではイスラム教徒とキリスト教徒の間で、血みどろの紛争が繰り返されている。インドネシア軍特殊部隊の暗躍説もうわさされるが、背景には、かつて殖民地政策として行われた宗教差別、民族差別への根強い反発があるように思われる。植民地化による後遺症は、伝統文化の喪失《そうしつ》にとどまらず、宗教、言語など民族的アイデンティティの混乱と対立を招き、子どもたちに今なお暗い陰を残している。

孤児とともに歩む若き母

10.韓国　　ソウル乱打劇場、木浦共生園

子どもたちの母がわりを務める共生園の若き園長田内緑さん。

キッチンを舞台にしたパフォーマンスで、人気爆発のＮＡＮＴＡ。

あでやかなチマチョゴリで盛装したソウルのヤング。

韓国観光公社からのお招きで、二〇〇〇年七月二日から七日まで韓国を訪ねてきたが、南北主脳会談の余熱もあり、強烈な韓国パワーに圧倒され続けた毎日であった。

まず初日の夜、ソウルに新設された乱打劇場でのパフォーマンス・ミュージカル「NANTA」に案内された。キッチンを舞台に四人のコックがビートのきいた爆発的なリズムで、包丁を手にまな板を乱打する。あせと野菜が飛び散り、鍋やポリタンクも太鼓に早変わりする。韓国の伝統リズムがロックと融合した大熱演だ。世界の若者から熱烈な支持を受け、四チーム編成で世界ツアーも始まっている。公演の終了は十時近くになったが、ソウルの高校三年生には学校でこの時間まで受験勉強にはげむ者もおり、校舎の一角にはまだ灯がともっている。エリート大学への進学競争は、日本以上に加熱している。

ところで、今回の招待は来年の「韓国訪問の年」を盛り上げるため、世界のマスコミと旅行業界の代表二百人を招いたもので、二日目からは六班に別れて地方視察に出発した。私たちのバスは、ソウルから南下し、南部の港湾都市木浦へ行くコースだった。日本人は六名だったが、その中に高知女子大社会福祉学部助教授で、韓国の福祉問題も研究している玉里恵美子氏がいた。二人で、木浦では〈韓国孤児の母〉として慕われた高知出身の故田内千鶴子さんが作り上げた児童養護施設「木浦共生園」を訪ねようと話し合った。

地方視察の最終目的地、木浦の新安ビーチホテルでの歓迎夕食会には、前高知県国際交流員の尹棟煌氏も、地球村旅行社副社長としてかけつけてくれた。共生園のことを聞くと、ホテルの窓越しに見える家並を指差し、そこだとのこと。翌朝、市内の博物館めぐりをキャンセルして、玉里先生と訪問した。

子どもたちが園のバスで市内の幼稚園や学校に出かけたあとの静かな園内を、園監の崔順任先生に案内していただく。名勝儒達山の南面に、プロテスタントの教会、集会所、事務所を囲んで宿舎が点在しており、百十三名の子どもが十一の家に別れ、住み込みの保母さんと家族同様にくらしている。前年の台風の大被害も、もう修理されている。民家との境界はなく、混在しているが、住民に迷惑をかけるような問題は全く発生していないそうだ。

十一時すぎに、市内での日本文化紹介の講演を終えた田内緑園長が帰ってみえた。千鶴子さんのお孫さんで、一昨年九月に園長に就任した。二十七歳という若さだが、十七名の職員を指揮しつつ園児の母として多忙な毎日を過ごしている。まず、子どもたちの入園理由と教育方針をうかがう。

「親の離婚、未婚のほか、倒産での一家離散もあり、要保護児童数は減っていません。情緒不安や精神障害の子どももいますが、米国のように専門医もカウンセラーも育っていないので、愛情と信仰心で包んでやるしかないのです。子どもが悪いことをしても、帰る場所はここしかないので、保母さんには叱るより抱きしめてやる存在であるよう強調しています。自律心を育てるため、高校生がリーダー役での自治会もあります。最近も夜九時の門限に遅れるのは、ついゲームセンターで遊びに夢中になるからで、ダンスマシーンが欲しいという要望があり、門限を守る約束をした上で購入しました。パソコンも五台あり、ゲームにも、宿題にも活用しています。日・英の大学と米国の大学院で社会福祉を専攻しましたので、国際機関で世界の福祉のレベルアップに働くつもりでしたが、前園長のたっての要請で幼児期を過ごしたここに戻る決心をしました。子どもの笑顔に接するたびに、やりがいを感じています」

最後に祖母の古里、高知県民へのメッセージをうかがうと、「共生園が困難にぶつかるたびに愛の手を差し伸べてくれたのは高知の皆様です。それに応え、子どもたちがのびのび成長できる園にすることと、日韓のかけ橋になるよう努めます」との、元気な言葉が返ってきた。

モダンな港町の伝統芸術

11.中国（上）　　　　**天津、楊柳青鎮**

天津の繁華街で出会った小学六年生。さっそうとしており、英語も得意。

琵琶を練習する少女。

腕相撲の少年と小さな助太刀。

天津名物の年画。「嬰浴図」で、男の子に恵まれてのめでたい沐浴の図。

天津といえば、甘栗や天津丼を思いうかべがちだが、これらは天津とは関係なく、中国を代表する貿易港天津の名を使っただけだ。伝統的な真の名産では、天津楊柳青年画《ようりゅうせいねんが》が知られる。年画は、新年に門の扉や室内に飾って招福除災を願う、木版画である。明代末から多色摺りの技術が発達し、浮世絵版画誕生にも影響を与えたとされる。中国年画の三大産地の一つが天津で、子どももよく主題になっている。

北京から新型二階建て特急列車で二時間、年画の工房を見学するため天津を訪ねたのは、一九九二年一一月だった。今は近代的な港湾重工業都市として発展しているが、旧市街入口には牌楼《はいろう》と呼ばれる重厚な屋根付きの門が残っている。若い女性通訳の案内で、さっそく天津楊柳青画社へ行く。

まず展示室に案内される。家の左右の扉に貼って魔除けにする厳めしい門神や、鐘馗とともに、子どもを描いた作品も多い。代表作は「麒麟送子」で、麒麟に乗った男子と母の図だが、麒麟児（優秀な少年）を授かることを願ったものだ。「嬰浴図《えいよくず》」は、授かった男子を沐浴させている幸せな家庭である。こま、まり、楽器などで遊ぶ子どもの姿も多い。「漁樵耕読」は、釣竿、鍬《くわ》、柴たば、笛を持つ四人の子と、読書にはげむ子を対比してあり、読書こそ高尚な日課であることを示している。文化大革命のころなら、絶対に許されないテーマである。係員に購入者をたずねてみた。

「観光に来た香港、台湾の中国人、それにアメリカ人や日本人が買ってくれます。伝統的な吉祥画で美術品としても優れたものが好まれます。国内でも春節（旧正月）に門神を飾ることが復活しています」

工房を見学すると、墨版のみ木版で摺り、あとは分業で色をつけ、最後に専門の絵師が顔の表情などを整え、仕上げていた。続いて楊柳青年画の発祥地である郊外の楊柳青鎮（村）へ足を伸ばした。日中戦争のころは農村だったそうだが、車で三十分の道中はすっかり工業地帯になっていた。楊柳青鎮にも年画の店はあったが、年末に地元の正月用年画を作る程度だそうだ。戦時中に進攻した日本軍は、泥土の道を固めるために、村の版画工房から貴重な版木を持ち出して敷きつめたという。

翌日は、天津泥人形の工房を訪ねた。伏見人形や博多人形と同様の土人形だ。楊貴妃などの歴史的人物像は平凡だが、「魚売り」「孫を抱く老婆」など、現代の庶民の塑像《そぞう》が表情豊かで素晴らしい。高級工芸美術師の称号を持つ穆瑞森氏のオリジナルだが、見本以外は品切れで、購入できないのが残念だった。この日は休日で、市街は家族連れも多いが、子どもは一人だけ。一人っ子政策で、二人目を産むと、二千元（約二万五千円）の罰金などを受ける。港町らしく、子どももおしゃれだ。公園では、豆列車に乗ったり、屋台のアイスクリームや駄菓子を買ってもらったり、日本と変わらない。仲間と腕相撲をしている男の子もいる。一見のどかだが、通訳嬢にいわすと、中国の子どもも大変だそうだ。

「中国はコネ社会で、共産党の幹部の子どもは、幼稚園や重点学校入学に有利なのです。重点学校はエリート学校で予算をたっぷりもらい、いい設備、先生のもとで勉強ができます。競争が激しく、入学するのは大変です。小学校では四年前、四年生から英語が必修になり、卒業試験にも英語があります。小学校の先生は、外国語学校へ行って英語の資格をとっています。小学校での英語は単語の習得から始まり、読み書きと文法が中心です」

中国では、一人っ子政策のみ注目されがちだが、国民全体の学力や英語力の向上、さらにはエリート育成など、国家目的にそった教育が強力に進められている。少年宮での、芸術やスポーツのエリート育成もよく知られるところである。また、学校や職場での男女同権も、革命前には考えられなかったことである。中国では男子を産み、家の血筋を絶やさずに継続することが、家で最も重要なこととされてきた。それだけに、男女を問わず子どもは一人としたことや、男女同権には抵抗が強かったのだ。コネ社会だけは続いているが、古い子ども観は、もう年画の世界にしか残っていない。

漁船の正月は幸せいっぱい

12.中国（下）　　香港長洲島

春節を迎え、獅子舞の頭（かしら）を持ち出した島の子ども。

フェリーで島へもどる家族。後ろは港を埋めつくした満艦飾の漁船。

漁船の甲板に勢ぞろいした布さん一家。左の扉には門神。

香港島からフェリーで一時間、古くからの漁業基地で、伝統的な風習がよく残っていることで知られる長洲島に着いた。中国返還以前の一九八九年二月、旧正月だった。三度目の訪問だが、いつもと違い、湾内は帰港した満艦飾の漁船で埋めつくされている。桟橋前の広場には花市がたち、正月の縁起物として欠かせない桃や金柑の植木が所狭しと並ぶ。賑わう商店街を抜けて旧知の馮北泰《フンベイタイ》主席（町長）を訪ね、取材への協力をお願いする。

翌日は、いよいよ大晦日。小舟でまず水上居民の漁船へ案内していただく。船の舳先《へさき》には、赤い護符とサボテン、ゆずの小枝、菖蒲の葉を飾ってある。これらは、トゲや強い香気が辟邪《へきじゃ》に効くとされる正月飾りだ。船に上がると、船室の扉には武将を描いた魔除けの版画「門神」が、春聯《しゅんれん》とともに貼ってある。春聯は、正月を祝うめでたい成句を書いた赤い紙で、漁民らしく「出入平安」などの句が多い。「龍馬精神」もよく見かけるが、坂本龍馬ではなく、中国の伝説上の神馬をたたえた言葉だ。船主の布観帯《ホカンタイ》さんと三人の息子家族、居合わせた十三人が迎えてくれる。幼児と犬は、体に命綱を結んでいる。布さんは、漁民のくらしをこう話してくれた。

「昔は漁民は島に家を持つことができず、家族全員が船でくらしながら、漁をしていました。今は、女性と子どもは島でくらし、学校にも通っています。月に一度港へもどり、船に孫たちを呼ぶのが楽しみですが、船上生活に不慣れな幼児には命綱が欠かせません。船は機帆船になり漁法も近代化しましたが、海上では、落雷、しけ、急病など、何が起こるかわかりません。だから正月には、洪聖大王《ホンセイン》を船に祀って、一年の大漁と安全を願い、家族みんなで船上ですごすのです」

やがて奥さんが、船首に祭壇を作り始めた。豚の丸焼きや野菜、果物、酒などを供え、赤いろうそくに火をつけて紙銭（天界のお金）を焼く。神迎えの祭儀を行うのだ。

街にもどると、自動車がない島の路上は子どもの天国で、たこ揚げ、こま回し、獅子舞い、羽根けりを楽しんでいる。羽根けりは、四、五人で輪になって大きな羽根をけり上げ続けるもので、蹴鞠《けまり》と羽根つきをミックスしたような遊びだ。これらは、日本の伝統的な正月遊びとほぼ同じだが、中国が本家である。江戸時代の育児書『小児必用養育草《そだてぐさ》』（香月牛山《かづきぎゅうざん》著、一七〇三年）は、中国の学説を取り入れ、寒い正月こそ子どもの健康には外遊びがよいと説き、男子には弓やたこ揚げ、女子には羽根つきをすすめている。江戸の母はこれを実践、年賀で登城の武士も、途中の路上での子ども遊びを黙認した。日本では今や個室にこもってのテレビゲームが主流、親も勉強第一で外遊びを奨励しなくなった。

大晦日の夕食は、湯恵儀《トウワイミイ》さんの家に招待していただいた。虎骨酒を手にうかがうと、居間の大きな丸テーブルに、ご馳走がすっかり用意されている。糯米《もちごめ》の粉に砂糖を加えて蒸したニンクゥオ、餅、三生（鳥肉、豚肉、魚肉）、鴨の燻製、それに菓子、果物が並んでいる。一家をとりしきる湯お婆さんの話。

「先週の日曜に、親戚全員十八人が集まってお互いの健康を確かめあう年末恒例の団年飯《ツウニンバン》を行いました。中国は甘いは吉、辛いは凶で、正月料理は甘い味つけをします。色では赤が吉、黒と白は凶です。食後には、赤い袋に圧歳銭《あっさいせん》（お年玉）を入れ、孫たちの枕の下に置いてやります。家族の幸せを願って甘い料理を食べ、零時には初詣に出かけるのです」

家族そろっての大晦日の会食のあと、私まで圧歳銭をいただき、初詣に向かった。島で一番大きな道教の寺院「北帝廟」への道筋には、灯籠をかかげた家もあるが、爆竹が禁止されたせいか静かだ。香煙が立ちこめる寺院に、鉦や太鼓の伴奏で読経の声が響くなか、この年二度目の新年を迎えた。漁民も島民も、産業や生活の近代化を進めながらも、伝統的な正月行事や家族の強いきずなを守り続ける姿に、心なごむ思いで、島を後にした。

暖かい障害者家族、厳しい学校

13.エジプト　　アスワン、ルクソール、カイロ

カイロのじゅうたん工房で、懸命に働く少年少女。

「障害者セネブとその家族像」

「ウアシェカーとその家族像」

アスワンの市場に晴れ着でくり出し、ラマダンあけを楽しむ母と子。

一九九五年のエジプト再訪で、アスワンのアブシンベル神殿、ルクソールのカルナック神殿など、壮大な遺跡をじっくり見学した。これら巨大な神像たちが、どんな思いで現代人のいとなみを眺めているのか、いささか気になる旅でもあった。

最初の訪問は一九七一年で、ローマから南回りの日航機に乗った。第三次中東戦争が続いており、夕闇のカイロ空港に降りた日本人は一人だけだった。イスラエル軍の空襲にそなえて燈火管制中で、市内はまっ暗。由緒あるホテルの玄関にも土のうが積んであり、第二次大戦中の、空襲下の高知市での生活を思い出した。史跡探訪もギザのピラミットくらいしかできなかったが、朝日新聞笹川正博支局長に歓迎していただいた。

今回はすっかり様子が変わり、街はきれいで豊かだ。アメリカの仲介でイスラエルとも和解し、シナイ半島を横断しての、観光コースもできている。ところがこれに不満なイスラム教過激派が、テロ活動を開始しているのだ。全く関係ない観光客や、子どもたちも犠牲になっている。

前回は断念したアブシンベルに行き、ハルホト神殿の王と王妃の像のそばに王子、王女がいるのに気付いた。以来、アスワン、ルクソールの神殿・壁画を注意して見ると、家族が数多く登場していた。カイロにもどって、エジプト博物館に行くと、肩や腰に手を回した夫婦像や、夫婦の間に子ども像を添えたものがいくつもある。最も印象的だったのは、台に座った父と、寄り添って立つ妻に、二人の子どもを配した像である。学芸員にどんな家族か聞いて、びっくりした。

「『障害者セネトとその家族』と呼ばれ、四千五百年前のものです。台座の文字から、宮廷織物工房の支配人一家とわかりました。父は手足が短い障害者ですが、優しい妻に助けられ、重要な仕事につき、子どもにも恵まれたのです」

もう一点気になったのは、あぐらをかいて座り、ひざにパピルスの書類を広げた「書記の像」である。書記の役割をたずねてみた。

「古代エジプトは、世界でも早くから文字を使った国の一つです。毎年氾濫するナイル川沿いの耕地面積をはかり、税額を決めて通知するのも、王家の歴史や物語を書き残すのも、書記の仕事です。〈読み書き計算〉のできる人材は、役人のなかでも大事にされ、そのための学校もありました。少年たちが、文字の習得にはげんだ練習用の粘土板が沢山残っています。単調で厳しい授業だったらしく、間違った表記や、先生への不満の言葉も見られます」

まさに、今の学校と同じである。書記にとどまらず、古代エジプト文明をささえた土木建築学や天文学など、高度の学問が発達していたのだ。その出世コースにチャレンジできるのは、上流階級の男子だけであった。それらエリート学生が、ビールやワイン、さらにある種の女性の誘惑にさらされていた記録もある。博物館には、いくつかの玩具もあり、駒を動かして勝負を競う立派なゲーム盤からも、遊びの豊かさがうかがえる。水鳥のハンティングを楽しむブーメランは、その場面の絵も、実物も残っている。子どもらしい玩具では、首の動く木製のライオンをはじめとする動物人形、手まりのような糸製ボールがある。大人も子どもも、ダンスやレスリングも楽しんでいた。若い女性の化粧も、メーキャップから香水、イヤリングまで、今とあまり変わらなかったようだ。

カイロの街に出ると、仲間と元気にかけまわって遊ぶ現代の子どもの姿がある。いっぽう裏町では、じゅうたん工房で働き続ける少年少女もいた。古代文明以来、人類五千年の歩みは、子どもたちの幸福のために、どんな遺産を積み重ねてきたのだろう。

人間は、文字の発明と同時に、その習得のために学校制度をつくった。この制度が、エリートだけでなく、一般化するのはごく近年のことだ。それにしても、数千年の歴史を持つ学校制度や教育技術は、なぜこうも進歩せず、子どもたちを苦しめ続けるであろうか。ナイル河岸で悠久の流れを眺めていると、そんなことを、思わずにはいられない。

第３章

21世紀への旅立ち

インドネシア、スマトラ島バタック族の少女

午前学校、午後地域学習で才能開発を！

子どもたちの輝く姿を求めて

世界各地どこへ行っても、目を輝かせて「学び遊ぶ」子どもの姿があった。インドのメガラヤ州シロンでは、民族紛争で町をあげてのストの中で、登校できない小・中学生が庭先で宿題をしていた。上級生が下級生のめんどうをみてやっていたが、ともに楽しそうだった。ネパールでは、貧困家庭で学校に通わせてもらえず、家事や農作業の手伝いに追われる子どもが、わずかな余暇にボランティアの運営する寺院内の寺子屋にみずから出かけ、ちびた鉛筆を手に、「読み書き計算」を習っていた。

タイの北部山岳民の村では、持参した文房具を届けるため、先生一人の学校を二日続けて訪問したが先生は不在。子どもたちは待ちわびていた。保護者の話では、みんなタイ語や算数を勉強したがっているのに、町から来た先生はよく休むとのこと。アメリカ合衆国南部の、全米でも学力の低かった小学校では、女性副校長の英断で公文式の個人別プリント教材を導入、生徒たちは自分の学力に「ちょうど」のプリントを与えられ、目を輝かせて取り組み、できる喜びを味わっていた。先生は笑顔で「二年生が足を使わなくなった」

と話す。繰り上がりのある足し算では、足の指まで動員していたのが不要になったのだ。

公園や空き地で楽しげに遊ぶ子どもの姿は、大都市でも農山漁村でも見ることができた。今は民族紛争や宗教紛争に明け暮れる地域でも、平和だった頃は子どもたちに差別意識は感じられなかった。ボルネオ島では、さまざまな民族の子どもが、日本から訪問した子どもとたちまち仲良しになった。遊びの世界には、言葉や民族、宗教の壁はなく、ましてや国境はない。一緒に遊べば、もう仲間だ。ゲームで腕を競い合い、遊戯でともに歌い踊ることで、相手を認めあい心がつながる。日本では、このような仲間遊びが急速に消え、個室でゲーム機に夢中のようだが、いささか心配だ。

子どもの目が輝くのは、「働く」場面でもしばしば見られた。インドのゴアの漁村では、少年が漁船から浜へ籠いっぱいの魚を運んでいた。インドネシアのスマトラ島バタック族の村では、学校に上がるかどうかくらいの少女が、赤ん坊を背負って長い縦ぎねを楽し気に打っていた。これら少年少女は、がんばれば役立つちょうどの仕事を与えられ、喜んで取り組んでいたのだ。村人も「お手伝い、よくできるね」と声を掛けてやっている。認めてもらうことは、なによりの励みだ。

ヨーロッパの子どもも同様である。パリでは、男の子が小学生になると、一家のパン係を受け持つ。毎食事に欠かせないあの長いフランス・パンの減りぐあいを確かめ、パン屋へ買いに行く。最初は母と一緒だが、やがて一人になる。スイスのグリンデルワルトでは、どの少年もひと夏山小屋に住み込んで、牧草地の手入れ、牛の放牧、搾乳、チーズ作りなど、牧童の仕事を身につけるならわしだ。パリの風物詩でもある少年とパン、アルプスの美しい緑の牧場、ともに伝統的な家庭教育によって支えられている。大人たちがきちんと手本を示し、子どもたちも誇りをもって受け継いでいる。日本の家庭での「子どもの働く場」は、どうなっているのだろう。

学校と母親へ、エレン・ケイの警告

子どもたちはこうして「学び、遊び、働く」存在として、家族や、地域、学校で守られながら、夢をいだいて社会に巣立っていくはずであった。ところが近年、先進国を中心に子ども社会に異変がおき、「子どもの風景」が大きく変貌しつつある。日本で顕著に現れているのが、小学校低学年から中学・高校にまで見られる学級崩壊であり、不登校である。また十七歳に象徴的に見られる殺人事件、キレての暴行や援助交際も日常化しつつある。学級崩壊や学校崩壊は、海外でも問題になっている。二〇〇〇年九月二二日に東京朝日ホールで開かれた教育シンポジウム「学級崩壊をこえて」でも、日本の現状とともに、韓国での実態や、アメリカ合衆国ニューヘブン市の対応策が報告された。

学校教育にとどまらず、二〇世紀末に世界の先進産業国では伝統的秩序が「大崩壊」しつつあると説く本も現れた。日系三世のアメリカ人で、ランド研究所上級研究員のフランシス・フクヤマ氏の新著『「大崩壊」の時代』（早川書房、二〇〇〇年刊）である。彼は工業化社会から情報化社会への急速な変化で、先進諸国は、凶悪犯罪の増加、家庭の崩壊、政府への信頼低下など、深刻な「社会秩序の大崩壊」にさらされていると指摘する。離婚率や婚外子の急増を、家庭崩壊の内容として示している。

子どもの環境に限れば、家庭崩壊と学校（学級）崩壊だが、日韓では後者がより進展している。日本では、すでに一九八〇年代から学校中心の教育制度が限界にきているとの認識が広がり、当時の中曽根康弘首相は一九八四年に「臨時教育審議会」を設置、教育改革に取り組んだ。その報告書では、明治以来の日本の教育は記憶力中心で、判断力や想像力の伸長が妨げられてきたとし、教育の自由化や、個性尊重、多様化、国際化、情報化などを強く打ち出した。的を射た提言であったが、その具体化は遅々として進まなかった。

思えばスウェーデンの女流文明評論家エレン・ケイが、二〇世紀に大きな期待と危惧を持ちつつ『児童の世紀』（冨山房）を発表したのは一九〇〇年であり、百年目を迎えた。当時高揚しつつあった「学校信仰」にたいし、彼女はすでに今日を予測した的確な批判をしていた。「未来の学校」の章で、こう述べている。「いまの学校では、どんな結果を生んでいるであろうか？　それは脳の力の消耗であり、神経の衰微であり、独創力の阻止であり……」「教師の指導のもとでおこなわれる活気のある自習が当たり前になるように授業を計画」し、「教室講義システムを断乎としてすべて廃止」「全学習期間を通じて自習作業をさせ……実物と接触させる」。さらに母親の甘やかしを戒め、「母親が子どもと一緒になって学校の宿題をしたり、子どもの遊びを考えたり、おもしろい本を読んでやったり、子ども部屋を片づけたり……するのをよく見かける」、これでは「子どもの自主的行動も、労働意欲も、我慢づよさも、発明能力も、空想力も鈍るばかりである」と警告している。

中曽根臨教審が指摘したように、明治新政府は殖産興業、国民皆兵をめざし、欧米のさまざまな教育潮流のなかで、命令のまま働き戦う労働者、兵卒の養成に適した「教科書を一斉授業で詰め込む」管理教育を採用した。江戸後期の日本では、五万以上もの寺子屋で個人別自学自習の教育が行われ、識字率は世界一だった。また、琴、三味線、踊り、裁縫、お茶、お花などお稽古ごとの塾も花盛りで、師匠が一人ひとりに技と作法を伝授していた。しかし、これらは学校教育にはほとんど反映されず、教科書中心の一斉授業が主流となった。この教育も教育熱心な国民性に支えられ、工業化時代の国民教育には大いに役立った。近年でも小中学生の数学・理科の国際共通テストでは世界の上位に位置している。近代日本の産業発展の原動力になったのは確かである。だが、情報化時代を迎え、エレン・ケイの警告が的中、高進学率（高校九七、大学短大四三パーセント）、学歴信仰、管理教育の矛盾が、一挙に吹き出しつつある。特に、中・高校生になって、理解できない授業に長時間拘束されるのは、苦痛以外のなにものでもない。

午後は学校から解放

日本に子どもたちが輝く姿を取り戻すためには、学校教育の手直しにとどまらず、子どもをめぐる社会システムの大変革が不可欠で、日本と世界の子ども史をきちんと考察し、百年先の展望をもった立案が必要だ。幸い日本には、江戸時代の寺子屋教育と、大正デモクラシー時代の児童中心主義教育という伝統がある。これら歴史的遺産に、筆者が見聞したさまざまな先駆的な教育活動や子ども文化活動の実例を加え、義務教育の改革による子ども文化再構築の提言をして本書のまとめとしたい。

基本的には、子どもの時間的・空間的環境を、学校、地域社会、家庭に三区分し、義務教育に関する学校の機能と拘束時間を大幅に短縮する。子どもたちが、長時間にわたって学級王国とよばれる一人の教師の支配下におかれることを避け、地域社会の社会経験豊かで専門知識をもった大人や、異年齢の子ども仲間と交流する機会をつくる。さらに夜は、家族との団欒の時間とする。これによって、子どもがさまざまな人々と交わり、知識とともに社会性を養い、個性を発揮し、肉親の愛情につつまれる機会を多くするのである。教育予算も学校教育と地域教育に二分、地方分権を強化する。また教育だけでなく、子ども文化全体のあり方を長期的に考察提言する特殊法人「子ども史研究博物館」を設立する。

一、学校（午前）　自学自習とグループ学習

ドイツで現在行われているように、小中学校の授業は午前中心で午後一時に終了する。

これにともない、履修教科を大幅に削減、基礎教科以外は地域社会での選択学習に移す。学校であつかう教科は、「読み書き計算（外国語・情報教育を含む）」と「理科・社会」にしぼる。教育方法としてはエレン・ケイの主張するように、一斉授業はできるだけ避ける。「読み書き計算」は系統学習が必要であり、系統的に編纂されたテキストやプリント教材を活用し、個人別自学自習で行う。またこれらの教科では、一人ひとりの実技能力の定着を重視する。「理科・社会」は、系統学習とともに、グループでの生活学習・体験学習を積極的に取り入れる。総合的な学習のように、テーマにつきメンバー一人ひとりが興味のある角度から調査・実験を行い、たがいに発表・討論を重ねてまとめていく。なお、理・社の学習では、日本人の自然観、人間観の特色を知り、国際化時代にどう生かすかを考えることが不可欠だ。日本人が、生命の誕生、人生、死を、自然環境や先祖、社会とのかかわりでどうとらえ、信仰や通過儀礼、年中行事を築いてきたかを学ぶのである。

これら個人別自学自習、生活学習・総合的な学習は、ともに大正デモクラシーの教育運動として、すでに研究実践が進められていた。最近も、二〇〇二年の指導要領改定にともない、総合的な教育は脚光をあび、研究が進展している。いっぽう、個人別自学自習に関してもようやく学校教育の関係者が関心を持つようになった。二〇〇〇年九月に、東京大学駒場校舎で開かれた日本教育心理学会でも、「多人数・個人別・能力別教育による四二年にわたる発達実践研究」という発表があり、公文式教育を例に故J・M・ハント博士のマッチングの理論の重要性が論じられた。これは、子どもがやる気をもって自学自習を行うには、現在持っている学力より少し程度の高い、みずから努力し工夫すれば解決できる「ちょうどの学習」を進めること、すなわちマッチングが重要だとする学説だ。学校現場でも、子どもたちが喜んで「ちょうどの学習」ができる教育技術の開発が望まれる。

二、地域社会（午後）　専門家の指導でのびのび個性発揮

今や共働きが当たり前であり、また核家族で孫の面倒を見てくれる祖父祖母も少ない。どうしても新しい社会システムの構築が必要である。そこで学校の校舎を活用して、「子どもクラブ」を開設する。このクラブの指導員は、学校の教員とは重複させない。校長は校舎の管理上関与しても、クラブの運営責任者は別途おく。講座制をとり、文化教育（音楽、美術、演劇、文芸、料理、手芸、ビデオ制作など）、野外文化教育（自然観察、農林水産体験、野外生活、野外遊びなど）、特別学習（優秀児、遅進児、独・仏・韓・中国語など）、職業実習、お稽古ごと、スポーツ、ボランティア活動などのコースを設ける。指導員は、地元在住の各分野での専門家を中心に、民間教育の講師も活用する。学校はホーム・グランドにすぎず、博物館、美術館、体育館、ホール、公園、福祉施設、さらに田畑や山林原野まで活用する。この実践例も数多くあり、『子どもはもう待てない』（くもん子ども研究所著、くもん出版、一九九九年刊）でも紹介した。特に秋田市教育委員会の「はばたけ秋田っ子」は、学校の垣根をとって市内の専門家の指導を受けることで、学校

では気付かなかった子どもの個性や才能が開発されている。子どもは好きなコースをいくつか選び、個性を大いに延ばし、修了すると単位を得る。

三、家庭（夕刻以後）　肉親との団欒とやすらぎ

日本では経済の高度成長期以来、父親は休日も仕事や接待ゴルフ、さもなくばごろ寝で、家庭での団欒が消えていった。パリで学校の先生に、土曜日のインタビューを申し込んだら、「土曜日曜は家族と過ごす日だ」と断られた。公園でも、夫婦で子どもを遊ばせる姿をよく見かける。幼い子どもにとって、肉親の愛情はなにより大事である。しかし、フランスの項で紹介したように、母性愛も本能とはいいきれず、最近の日本でも母のわが子に対する考えられない事件が起きている。いっぽう、インドの兄弟のストリートチルドレンが、助け合って懸命に生きている姿には感動をおぼえた。子どもの心身の健全な発達にとって、肉親やそれに代わる近しい人々の愛情いっぱいの接触が不可欠であり、低学年での学級崩壊やキレる子どもの背景にも家庭環境があげられている。企業の対応も含め、家庭重視の社会的風習を醸成し、一家団欒の時間を確保する。

四、「子ども史研究博物館」の創設

欧米の主要国には子ども史博物館があり、育児・教育から遊びの発達まで、子どもに関する物質文化の収集展示が行われている。市民が気楽に先人の知恵にふれ、子ども文化のありかたを考える場であるが、研究機能は弱い。江戸時代の日本には、世界に誇る寺子屋

教育や、子宝思想による愛情濃やかな育児習俗、そして多彩な遊びが花ひらいていた。これらは、数万種類におよぶ寺子屋の教科書（往来物）や、子どもを描いた浮世絵、育児用品、工夫をこらした膨大な玩具類などに見ることができる。明治時代以後の資料も含め、早急に保存・管理に乗り出さないと破損散逸する。個人や民間の取り組みでは限界があり、公立の「子ども史研究博物館」設立による子ども文化の総合的な研究体制確立をを望みたい。なお、子どもに関する浮世絵は、くもん子ども研究所で収集研究を続けており、このほど『浮世絵に見る江戸の子どもたち』（小学館）を刊行したので、ご覧いただきたい。

最後に、本書刊行のいきさつに触れておきたい。一九九九年に、高知新聞編集局の下岡正文氏から、世界の子ども事情の連載をしないかとお誘いをいただき、二〇〇〇年四月から九月まで週一回「子どもの風景」と題してのせていただいた。おかげで、一九六五年のオーストラリア、ニューギニア取材以来二〇〇〇年の韓国取材まで、三十五年間で五十三回にわたる「子ども探訪の旅」を、まとめることができた。本書には、新聞に未連載の四編を追加し、第三章を書き加えた。連載中には、公文教育研究会の公文寛会長、杏中保夫社長、ならびにくもん子ども研究所の皆様から、励ましの言葉をいただいた。原稿制作にあたっては高井恵里香、田崎郁の両氏に、本書出版では成甲書房の田中亮介氏に、格別のお世話になった。取材で協力いただいた皆様ともども感謝申しあげたい。

著者略歴

中城正堯

（なかじょう まさたか）

1936（昭和11）年、高知市生まれ。土佐高校、中央大学卒。学習研究社編集長、くもん出版社長を経て現在、くもん子ども研究所顧問。民族学、教育人類学に取り組み、海外取材・調査は50数回に及ぶ。日本民族学会、民族芸術学会、国際浮世絵学会各会員。主な著書に『アジア魔除け蔓茶羅』、編著に『浮世絵に見る江戸の子どもたち』、共著に『浮世絵の中の子どもたち』『子どもはもう待てない』など。神奈川県横浜市在住。

さらば学校《がっこう》の世紀《せいき》

2000年11月30日　初版第1刷発行

著者　中城正堯《なかじょうまさたか》

＊

発行者　田中亮介

発行所　株式会社 成甲書房

東京都千代田区猿楽町2-2-5　〒101-0064

TEL 03-3295-1687　FAX 03-5282-3136

振替 00160-9-85784

E-MAIL　mail@seikoshobo.co.jp

URL　http://www.seikoshobo.co.jp

印刷・製本　株式会社 平河工業社

＊

定価はカバーに表示してあります。乱丁・落丁がございましたら、お手数ですが小社までお送りください。送料小社負担にてお取り替えいたします。

ISBN4-88086-110-3